昔話を語る女性たち

石井正己 編

三弥井書店

Contents

昔話を語る女性たち

第二部　昔話と女性に寄せて

巻頭言

幼い日の昔話

松谷みよ子

私の母は石川県の出身なのに、子どもに昔話を語ることのないひとだった。ただ、本はたくさん揃《そろ》えてくれ、

「女は一生台所に立たにゃならん。だからいま、本を読みなさい」

と言った。そしてこうも言った。

「家のことはせんでよろしい。嫁にいけば何でも出来るようになる」

明治生まれの女性が子どもに言う言葉かと、思い出すたびに不思議な心持になるのだが――。

そうした母に育てられて、私は大いばりで読書にふけった。だから昔話も本で読んだのである。

そういえば、母の母、祖母もいっしょにいたのに、祖母もまた昔話は語ってくれなかったっけ。

唯一、私に昔話を語ってくれたのは、母のさとの石川県金沢から来たねえやだった。もっとも私の家では、ねえやという言葉では呼ばず、〈おねえちゃん〉と呼ぶようにしつけられていた。

おねえちゃんはお風呂に小さな私といっしょにはいり、髪を洗ってくれ、おたばこぼんに結ってくれた。赤いリボンがうれしい。

その間に語ってくれたのが「しっぺい太郎」だった。

当時、私の家は約二百坪の敷地に建っており、芝生の庭の奥の木立をまわると、花畑になる。

近所の子どもたちとその庭で「しっぺい太郎」ごっこをした。ネムの木にのぼって、白羽の矢が立つのを震えながら待つ心持は、いまも忘じ難い。

あのこと　このこと
きかせんな
信州信濃の山おくの
しっぺい太郎に
きかせんな。

幼い日、語ってもらったたった一つの昔話は、いまもあざやかである。しかしいま、どれほど母親が、祖母が、そしておねえちゃんが昔話を語っているだろう。
我が子への私の語りきかせは、「うりこ姫」である。子育ての当時、テレビの仕事を持っており、台本を書いていた。そのなかでつくった「うりこ姫とあまんじゃく」のうたが、子育てのうたになった。

とっきんかたり
きんかたり
機を織るのは　うりこ姫
とっきんかたり

きんかたり

子どもを寝かしつけながらうたったが、さて子どもは覚えているだろうか。たどたどしい語りでもいい、いま、子育てをしている若い母親が、子どもに昔話を語ってやってほしいと思うのである。

（二〇〇七年一二月二四日）

第一部

遠野昔話ゼミナール

（二〇〇七年一一月一〇日・一一日、岩手県遠野市にて）

前列左から、佐々木イセ、正部家ミヤ、鈴木ワキ、後列左から、石井正己、須知ナヨ、野村敬子、伊藤正子、五十嵐七重、大橋進　（遠野市立博物館提供）

昔話を語る女性、昔話が語る女性

石井正己
正部家ミヤ
須知ナヨ

一『遠野物語』から『江刺郡昔話』『老媼夜譚』へ

石井　石井でございます。今日はよろしくお願いいいたします。

　事前のご案内にはありませんでしたが、正部家《しょうぶけ》ミヤさんの妹さんの須知ナヨさんが釜石からお見えになったので、一緒にしましょうとお誘いして、壇上に上がっていただきました。とっても嬉しい機会ですので、ご理解いただきたいと思います。

　今回の「女性と昔話」というテーマで言いますと、今日、ご参加の方々も八割くらいは女性ですし、語り部も全部女性で、いろり火の会も女性です。この業界では圧倒的に女性が強いということになりますが（笑い）、それはなぜなのかということをみなさんと一緒に考えたい、というご提案です。

　振り返ってみますと、明治四三年（一九一〇）の『遠野物語』は、遠野の人佐々木喜善《ささききぜん》が柳田国男《やなぎたくにお》に語ってできました。その中には、山男・山女・ザシキワラシ・河童《かっぱ》・雪女など、神とも妖怪ともつかない不思議なものたちの話が出てきます。こうした話を柳田は序文で、「目前の出来事」「現在の事実」と規定しました。「遠野物語」という書名ですけれども、序文には「山神山人の伝説」とあって、あれらの話を「伝説」という言葉で呼んでいたようです。まさに、今、目の前で起こっている本当にあった出来事は「伝説」だったのです。

　その時、話し手になったのは、まだ二〇代半ばの喜善でした。喜善は男性の話し手で、本当にあった話を得意にしたことがわかります。『遠野物語』には二話ほど昔話が入っていますし、『聴耳草紙《ききみみぞうし》』には自分の記憶していた昔話が載っていますから、昔話も語ったはずです。そうしたことはありましたが、喜善は結局、得意にした「伝説」よりも、昔話に関心を持って集めたことになります。

　大正一一年（一九二二）に発行した『江刺郡昔話《えさしぐんむかしばなし》』は、遠野からは五輪峠を越えた人首《ひとかべ》の出身の浅倉利蔵という男性の話をまとめています。喜善は「はしがき」で、浅倉という四〇歳ばかりの「一人の話手」の記録で、「実に天才的な誠実な質《たち》の人」が「土語」で語ったと紹介しています。「誠実」は、『遠野物語』の序文で、柳田が喜善を紹介した言葉であったことが思い起こされます。

ただし、この人は「炭焼きを渡世とし」た人ですから、村に定住するような、柳田がいう常民ではなくて、非常民に入れたほうがいいと思います。しかも、喜善から炭焼きの本を書くための指導を仰いでいたそうですから、かなりの知識人です。彼が最初に発見した語り手は、そういう男性だったのです。

この本には「昔話」二〇話の他に、「口碑」は今の「伝説」で四三話、「民話」は今の「世間話」で一七話あり、合計八〇話になります。従って、四三話、五三パーセントは「伝説」になり、「世間話」一七話を加えれば六〇話、七五パーセントに及びます。『江刺郡昔話』という書名ですが、彼が得意にしたのはむしろ、「伝説」や「世間話」だったと思います。そのため、この本には色話や家々の話など、踏み込んだ話もあって、今の昔話集とちょっと違う魅力があります。今日はそこへ深入りしませんけれど、とってもいい本です。

もう一つ、喜善には、昭和二年（一九二七）に発行した『老媼夜譚《ろうおうやたん》』という本があります。これは土淵の辷石《はねいし》谷江《たにえ》というお婆さんの話を集めたものです。「自序」には、村人から「今日もハア馴染婆様の処へ往くのしか」と冷やかされながら、五〇日ほど、雪の中を通ってまとめたとあります。

最初は語るのが嫌だと思っていた谷江が、「どうせおらが死ねば壇《だん》ノ端《はな》（村の墓場の在る所）さ持って行ったって誰も聴いてくれ申さめから、おらの覚えて居るだけは父さんに話して残したい。父さんもどうじょ（何卒）倦《あ》きないで聴いてくなさい」と言って、積極的に語りはじめるのです。

「此《この》婆様から聴いた話は、口碑伝説等を交えて、総てで百七十種ほどであった」と言います。「口碑伝説」は、『江刺郡昔話』でも重視されていましたが、「交えて」という言葉からも想像できるように、この『老媼夜譚』では昔話が聞きたい話の中心になっていたのです。

しかも、「其《その》話の大部分は、婆様が子供の時、其祖母から聴いた」とあり、お市という祖母から聞いたことがわかります。「お市という婆様はまだまだおらの三倍も四倍も話を知っていた」とも、「私の祖母様はそれは智恵のあった人で、心経も観音経も暗《そら》で読んだ」とも話しています。

谷江はお市婆様の他にも、何人かの婆様から昔話を聞いたそうです。ブゾドの婆様は物識りで、昔話を山ほど知っている人だったが、喜善はこの人のことを知りませんでした。シンニャのおみよ婆様には、喜善も正月の鏡餅を持って昔話を聞きに行ったそうです。横《よこ》崖《がけ》のさのせ婆様は小便臭くて、自分の家に秋ごとに粟《あわ》の穂切りに来たが、側には行かなかったと、喜善は回想しています。

『老媼夜譚』口絵の辷石谷江

最後に出てくる大同のお秀婆様は「巫女《みこ》婆様《ばあさま》」で、「いろいろな呪詛《じゅそ》の文句や伝説等を聴かしてくれた」そうです。この婆様は『遠野物語』の六九話に出てきて、魔法が得意で、呪《まじな》いで蛇を殺し、木の上の鳥を落とすと紹介して、馬と娘が結婚したオシラサマの由来を語っています。「呪詛の文句」や「伝説」の実態は、『遠野物語』と読み合わせれば明確です。オシラサマの話は昔話としても語られますが、馬を殺した桑の木でオシラサマを作って、それぞれの家で持ちますから伝説です。

　この婆様は、野火で焼けた跡の野原に行って布葉《ぬのは》を摘みながら、喜善にオシラ神の話を聞かせてくれたそうです。『遠野ことば』を引きますと、「布葉」は釣鐘人参で、「春の山に野生し、山菜として食用に供す。漢方薬にもなる」とあります。布葉摘みは女性の作業で、『遠野物語』には桑の葉を摘んで蚕を育てる場面はありませんが、連想が働いて喜善に語ったのでしょう。

　こうして上がってきた語り手は、ブドウゾの婆様、シンニャのおみよ婆様、横崖のさのせ婆様、大同のお秀婆様、祖母のお市婆様、そして、谷江自身もすべて女性です。つまり、谷江は、そういったすぐれた語り手の婆様たちから昔話を聞いていたことがわかります。昔話を語った女性の系譜がここに見えてきます。

　また、「自序」には、谷江はとてもリズム豊かに語り、時には主人公の身振りをしながら語った、というようなことも見えます。この本の口絵には、縁側に筵を敷いて、紋付きの晴れ着を着て正座する谷江の写真が載っています。これは柳田から送られた写真機で喜善が撮り、日本で最初に昔話の語り手を紹介したものです。

　そうしますと、喜善が書いた『江刺郡昔話』と『老媼夜譚』では、非常民の男性の語り手から、常民の女性の語り手へ動いていたことがわかります。そういうふうにして喜善の関心は男性から女性へ動いていくのですが、それは、彼の関心が「伝説」から「昔話」へ移っていったことと深い関係があるはずです。

　先ほど、浅倉利蔵という人は五三パーセントの話が「伝説」だと言いましたけれども、辷石谷江は一七〇話のうちの一〇三話（正確には、居合わせた男性の話を含む）の昔話を載せていますから、六〇パーセントが「昔話」であったことがわかります。

つまり、男性が語ると三分の二くらいが伝説になり、女性が語ると三分の二くらいが昔話になる、そういう対照があるようです。喜善は、男性の世界と女性の世界と両方とも知っていましたけれども、自分の関心が昔話に向いていき、そこに昔話を語る女性たちの姿が鮮明に見えてきたのでしょう。それは、『遠野物語』とは違う世界が遠野にあることの発見だったはずです。

そうした視点から改めて『遠野物語』を見ると、一一二話に新田乙蔵《にったおとぞう》という人が見つかります。この人は「遠野郷の昔の話」、具体的には「館《たて》の主の伝記」「家々の盛衰」「昔より此郷に行われし歌の数々」「深山の伝説」「其奥に住める人々の物語」、そういったものをよく知っていたそうです。

喜善が柳田に話した当時はまだ生きていたのですが、明治四二年（一九〇九）の夏の初めに九〇歳近くで亡くなっています。この人もさのせ婆様のように、あまり臭くて近寄って話を聞こうとする人がいなかったそうです。この乙蔵という人もやはり男性の語り手であり、そういう実話や伝説に重きがあったことがわかります。

そういうふうにして、この遠野には『遠野物語』の世界と『老媼夜譚』の世界があり、きれいに分けられるわけではありませんが、それぞれ男性の語り手と女性の語り手が得意にしてきたことがわかります。遠野には二つの財産があるのですが、喜善の関心は昔話の方にぐっと傾いていき、その財産は時を隔てて語り部たちに引き継がれている、と言ってもいいかもしれません。

二　遠野の語り部を生んだ父親と母親

石井　では、お待たせしました。壇上のミヤさんとナヨさんに、お話を伺ってみたいと思います。遠野と釜石とで語り伝えているお二人から、その人生と、実際の語りを聞いてみたいと思います。

今、昔話を語る女性たちの発見を述べましたが、今年（二〇〇七）、『老媼夜譚』からちょうど八〇年が経ったことになります。昔話はもう終わりで、いずれなくなると、柳田国男や関敬吾《せきけいご》が言いましたけれども、まったくそんなことはなく、豊かに復活するのではないかと思うのです。

ミヤさんとナヨさんのお父さんは菊池力松さんで、お姉さんは鈴木サツさんです。サツさんは、明治四四年（一九一一）に生まれ、平成八年（一九九六）、一一年前に八五歳で亡くなりました。遠野の語り部の第一人者として、地元はもとより日本中で活躍して数々の賞を受け、ＮＨＫの紅白歌合戦の審査員まで勤めました。

その妹さんたちですので、お父さんの力松さんやお母さんのサノさんから、昔話を聞いたことや生き方について、お二人に聞きたいと思います。では、お願いします。

ミヤ　みなさん、こんにちは。どうもね、私、普段から上がりしょうだけど、壇上に上がると、ますます上がってしまうのす（笑い）。そんで、小せえけどね、ここへ上がると世の中見えでしまって、おっかなくてわがね（駄目な）のす。だけども、石井先生にふられで、しゃべねわげにはいがねがら、これがら、しゃべっていぎます。

それではね、家のことを話します。私たち、いま考えてみるとね、父はやっぱり偉大な人だったなと思います。と言うのはね、ほんとに、何でもやった人なんですよ。

「貧乏家《え》の者は級長されねんだ」といじめられたらしいけど、それでもやっぱり級長やってしまったようですね。二二年（一八八九）生まれです。でも、学校に行けば級長やって、いっつも職員室で、先生の話を聞いて育ったようです。勉強はどうしたがわからないども、とにかく先生の話はずいぶん聞いてきたようです。

だから話っこ好きだったんでね。だから、ほとんどの話は父から聞いてる話なの。「むがーし、あったずもな。今は何もながったど。どんどはれ」ずの、これぁ、父の全部の話なのね。それ前は、あんまり遠野でも、「あったずもな」どが、「どんどはれ」って言わながったんでねがべがど思う。父は、いっつもそうやって聞かせる人だったの。そごまで行ぐのに大変なのね。毎晩、「おどっつあん、そのころお父さんなんて言わないがら、おどっつぁん、昔話《むがしばなし》聞かせろ、昔話聞かせろ」って言うど、まいー日のごどだがら、面倒くさぐなんだね。「むがーし、あったずもな、今はなーんにもながったど。どんどはれ」。それでおさまらねえがら、おらも、「長《なげ》え話っこ、長え話っこ」って、せめながら聞いたもんです。

だけども、山さ行ってはね、「山棟梁《やまとうりょう》」と言われる人でした。昔《むがし》、家を建てるには、山を見で、そのながから、床柱とか柱とか長押《なげし》とか、そういう木をみんな決めるんだそうです。そして、それを取ったんだそうです。そして、後《あど》で兄が棟梁をするようになってから、兄は家を建てる方の棟梁だったんだけど、父親、山棟梁どして、いっつも仕事して帰る人でした。兄はどっから覚えたがわがんねんども、酒っこを結構たしなむ方だったども、父親は一滴も酒っこ飲まね人、本当に。それで、八六歳ぐれえのどぎ、倒れだどぎに、お医者さんが来て見で、「お爺さんお爺さん、酒っこ飲め。血圧が低いんだ。だがら、酒っこ、薬っこだと思って飲め」って言われで、こんなおちょこで飲んで、「酒っこ飲んだ」って真っ赤になって喜んでいる人でした。

だけども、料理とか作法とか、そういうものは、父の物真似で覚えてきました。作法は厳しい人でした。私に四つ違いの妹（菊池ヤヨ）がいますけども、私より背も高いし、目方《めかた》も多いし、頭も良かったのよ。だ

左から、石井正己、正部家ミヤ、須知ナヨ
（遠野市立博物館提供）

けど、この妹がいっつもこうして飯台《はんだい》に寄りがかってで、ご飯食べる子だったのね。そしたら、父が、「めぐせがら（醜いから）、それば止めろ。どごさ行っても、そなごどしてわがねんだ」って、押さえられでいだったけども、ついつい寄りががってしまうのね。そしたら、朝にご飯食べているどき、父に、ばーんと張り飛ばされたのよ。たら、母が、「なんで、今、学校さ行ぐどぎに、張り飛ばすごどある」って泣ぎながら言ったけどもね、父は、「なんぼしゃべっても聞かねがら、これだったら、聞ぐがど思って」って。私たち姉妹は、一生のうちに父にいじめられるどが、叩《ただ》かれだずのは一回ぐらいしかね。ほんとに、子煩悩な父でした。だがら、毎晩、父の話を聞いて育ちました。

石井　ナヨさん、お母さんのサノさんというのは、どんな人でしたか。

ナヨ　みなさん、こんばんは。今も姉さんが言ったように、お父さんって、そういう人だったけど、厳しかったですね。たとえば、箒《ほうき》、部屋にあるでしょ。それはね（跨《また》い）だらね、「跳ねるな、戻れ。戻れ」って言うんだよ。そして、農家でも使うのでも何でも、とにかくそこ跨いだんだら、もう、まるっきり怒って、「わがね（駄目だ）、戻れ」って。「戻ったって同じでねえの」って言うと。やっぱり、「戻れば救われる」って。「とにかく物をはねるっていうごとは許されね」ってね。それがら畳の縁《へり》を踏んでも怒る親父でしたので、私たちもそれ見習ってるんだけど、やってないんです。もう、自己流です（笑い）。

石井　そういうしつけの厳しさと、昔話を語って聞かせる優しさみたいなものがあったのですね。

ナヨ　そう、今もね、姉が言《ゆ》いましたけど、叩《はだ》かれたこともないです。

　お袋がおっかながったんです。お袋には、もう、こっぴどくやられました。なぜがって言うとね、お袋は産婆やってらったのね。夜夜中《よるよなか》に起こされるわけだ。ほら、「今、腹病む」どが、「頼む」どがって。そうすっと、私が一番の末っ子だがら、とにかくお母さんにしがみつく。そうすっと、来るがら、連れでがれるわげ。そうすっと、親父《おやじ》が、あの背中《せなが》さ、ねんねこだが寝間着《ねまぎ》だがわがんねども、そごさずぽーんと私を入れて、「寝んねやなー、寝んねやなー」って。それわがってるってごどは、相当おっきくなってがらも、負ぶさったんでねがなと思うけど、そのどぎに昔話聞いたり、いろいろありました。

石井　今、伺ってみると、ご両親それぞれ、山仕事があったり、産婆の仕事があったり、もちろん農家の仕事があったりということですね。菊池の家はお祖父さんお祖母さんがなかったものですから、お父さんお母さんが子どもたちを直接育てたのですね。ある意味では、お父さんはやさしくて、お母さんは厳しくてというので、夫婦で役割分担してたのかなと思いますね。お父さんは「力《りき》ホラ」と呼ばれるくらいの話上手で、お母さんの方は非常に気丈だったことになります。

　これは、フェミニズムの研究で言えば、お父さんの方が女性性を持っていて、お母さんの方が男性性を持っている、と言えるのかもしれません。菊池の家には、さまざまな苦労があったにしろ、ずーっと昔だったはずですが、とっても近代的な家族だったように感じます。男だから男らしくだとか、女だから女らしくというのではなくて、それぞれ家庭の中の役割を考えながら子育てをしてきて、そういう中に昔話もあったのではないかと思いますね。

　先ほどの男性の語り手と女性の語り手ということから考えれば、このお二人の語りは、父親から娘ですから、男性の語りから女性の語りへ動いてきたことになります。この後で記念講演をしてくださる野村敬子さんは産婆の語りを研究されてきましたが、菊池家の中では、産婆をしていたお母さんが語るわけではなく、お父さんが語っているというのは、これはこれで注意しておきたい事実です。

三　須知ナヨの語る「猿の嫁御」

石井　では、実際にお二人から昔話を聞いてみたいと思います。女性が出てくる話がいいだろうということで、私の方でお願いして、最初に、ナヨさんに「猿の嫁御」の話を語ってもらいますので、どうぞ楽しんで聞いてください。

ナヨ　すみません、じゃ、わたし先に。しばらく語ってないから、どこまで語れるが、もしかして、サツ姉がね、よくね、「あー忘れだ、早ぐ」と言うとね、教えんだっけ。そういうふうに手伝ってもらうがもしれません。ほんとうに、しばらく語ってないです。

　それでは「猿の嫁御」を聞いてください。私ね、やっぱり姉のようにね、こう立って話したほうが楽なんだけど、立つどあまり見《め》すぎる（目立つ）がら（笑い）。今日、ほんとに私、上がっています。壇に上がっただけで、もう上がっています。よろしくお願いします。

　むがーす、あったずもな。ある所《どご》に、爺様《じさま》ど、娘三人あったったど。ある時、その爺様《じさま》、山っ端《ぱた》さ、草取《くさど》りに行ったったど。そうしたどごろぁ、たいした地縛《じしば》り（キク科の多年草。雑草）生《お》えでで、取りたてられ

ねがったど。そして、

「ほにさなぁ、なんぼ取っても取っても取りたてられねえす、おれに娘三人あるが、この地縛り取ってけだ者さ、娘一人けんがなぁ」

って、一人しゃべっこどしてらど。そうしたどごろ、どごで猿聞いてらったんだが、

「爺様《じさま》な爺様《じさま》な、今言うたの、ほんとだべが」

ったど。爺様《じさま》、

「おう、おう、そうだども、そうだども」

ったど。そうしたどごろ、その猿ぁ、わらわらっど、その地縛り取ってしまったど。あっという間に取られてしまったど。そして、

「爺様《じさま》な爺様《じさま》な、明日、娘もらいさ行ずがらな」

って、山さ入ってしまったど。爺様《じさま》、案ずことになったわけだ。

「大変《てえへん》だ、これ。草のごどぁ取ってもらったども、なんじょにするべ」

ど思ったど。まんず、心配《しんぺ》しながら、家《え》さ来たど。飯《まま》もなも、食いたくねがったど。そして、布団さもぐってしまったど。

　そうしたどごろ、おっきい娘、

「爺様《じさま》な爺様《じさま》な、早ぐ起ぎで、飯《まま》あがれじゃ」

ったど。そうしたどごろぁ、その爺様《じさま》、

「いやーいやー、おれ、何もかも苦なごどあって、飯《まま》食われねえが」

ったど。

「何したべまず」

「いやーなぁ、今日、山畑《やまっぱだ》の草取《くさど》りに行ったどごろぁ、『娘三人あっから、一人けっかなぁ』ど、一人しゃべっこどしてらどごろぁ、猿、出はってきて、わらわらど取ってけだが、お前《め》でも行がば、起ぎで食うす」

ったど。そうしたどごろぁ、そのおっきな娘、

「なーんに、この小馬鹿《こばが》爺様《じさま》、だーれ、猿なんどの嫁御さ行くはで」

と、でんがすか、ごしぇで（腹を立てて）行ってしまったど。

　そして、二番目の妹《いもと》さ、

「あれぁ、爺様《じさま》、何がしたって、寝言語《ねごとかだ》ってらがらよ。行って聞いでみろじゃ」

ったど。その二番目の娘も、

「爺様《じさま》な爺様《じさま》な、何したもず。早ぐ起ぎで、飯《まま》でもあがってけでけじゃ」

ったど。

「いやーなー、おれ、何もかも苦なごどあって、飯《まま》食われねえが」

ったど。そして、

「これこれしかじかでこうだが、お前《め》行ぐがー」

ったど。そうしたら、この二番目の娘も、

「なーんに、この小馬鹿《こばが》爺様《じさま》、だーれ、猿なんどの嫁御さ行くはで。なーに、寝言語《ねごとかだ》ってんだべ」

と、まだ、この娘も、でんがすかど、ごしゃいで行ってしまったど。

そして三番目の娘さ、

「あれぁ、爺様《じさま》、何がしたって、寝言語《ねごとかだ》ってらがらよ。お前《め》行って聞いで来《こ》うじゃ」

ったど。その三番目の娘、行ったど。

「爺様《じさま》な爺様《じさま》な、早ぐ起ぎで、飯《まま》食べでけでけじゃ」

ったど。したどごろぁ、爺様《じさま》は、

「何にもかにも苦なごどあって、起ぎて飯《まま》食われねえ」

ったど。娘、

「何したべまず」

ったどごろ、爺様、

「今日山畑さ行ったどごろ、地縛り生えでで、『この草取って、けだ者さ娘一人けるがなぁ』って、一人しゃべこどしてらっけ、猿、手伝ってけだが、お前《め》でも行かば、起ぎで食うす」

たど。そうしたどごろ、その娘、私みてえにやさし娘だがら、

「なんたら、そななごど、心配《しんぺ》すこどね、おれ行くがら。さっさど起ぎで、飯《まま》でも食ってげ」

「ほんとだべが」

ど思って、まず腹も減ったがら、その爺様《じさま》も食ったわげだ。

そうしたどごろぁ、次の朝間、それ、猿ぁ嫁御の迎《むげ》えに来たわげだ。まず娘もちゃんと嫁御の支度して、猿ど行ったわげだ、嫁御に。そして行きながら、その猿、

「じぇじぇ、お前《め》だづの所《どご》で、人間っつものぁ、それごそ里帰《さとげ》りっごどすんだずが、お前《め》だづの所《どご》でなんたなごどするのや」

ったど。そうしたどごろ、娘、

「いやー、おらほでは里帰《さとげ》りにぁ、餅搗《つ》いて持って行ぐもんだ」

ったど。

次の朝間、猿、早く起ぎで、餅搗きしたど。そして、搗き終わってがら、

「じぇー、これ何さ入れで持っていくべな」

ったど。そしたどごろぁ、娘、

「おらの親父《おやじ》は、臼《うす》まんま（臼に入れたまま）持って行げば、でほで（驚くほど）喜ぶ爺様《じさま》だや」

ったど。

猿ぁ臼まんま背負ったど。そして、とんことんこ、とんことんこ歩いてきたどごろぁ、家《え》さ間もなく近づいてきたどごろぁ、川っ端あったったど。柳の芽っこ、たいしたいっぺえ、綺麗に咲いでらったんだど。そうしたどごろ、その娘、

「あいぁ、おら家《え》の爺様《じさま》、この柳の芽っこ、でほーで好きな爺様《じさま》だや」

ったど。そしたどごろぁ、

「うで（それでは）、おら取るがら」

臼降ろして取るべどしたど。そしたどごろぁ、その娘、

「いやー、おらの親父は、臼背負ったまんま取ったの、でーほで好ぎだや」

ったど。猿、臼背負ったまま上がったど。そして、

「ここいらがー」

たど。そしたら娘、

「もっと、しんぱこ（枝先）」

ったど。

「ここいらがー」

たら、

「もっと、しんぱこ」

ったど。

「ここいらがー」

たら、

「そごそご」

ったど、一番てっぺん。そうしたどごろぁ、猿、そのてっぺん、ぼりっと折《お》ったもんだがら、臼背負ってらもんだがら、どっさり降りでしまったど。そして、猿、流されだど。娘、黙ーって見でらっつども、そうしたどごろぁ、猿、

「おれのごどぁ、心配《しんぺ》すなぁ。お前《め》体さ気つけろよー。おれのごどぁ、何も心配《しんぺ》すこどねぇぞー」

って、流されで行ったんだどさ。どんどはれ。（拍手）

石井　ナヨさんは、この話の三女ではありませんけれど、一番下なので、こういう智恵があるのでしょうかね。今、五分前の打ち合わせ時に、今日、どうしようかということになり、いきなり頼んでもこの語りなのですから、やっぱりすごいですね。

　この「猿の嫁御」は、人間の女性と異類の男性が結婚する異類婚姻譚の一つで、昔話の研究では「猿婿入り」と呼ばれる話ですね。「オシラサマ」の話も娘と馬の結婚ですから、やっぱり同じようなパターンだと思います。

　昔話のおもしろいところは、猿と人間が会話をして、ついには結婚をしてしまうところです。昔話は人類の誕生に関わる原初的な思考を持っていて、神話の末裔のようなところが根強く残っています。そうでありながら、猿がお嫁さんを迎えに来るとか、人間の世界では里帰りをするというので、里帰りに搗いた餅を臼に入れて持って行くとかという、民俗の世界も反映しています。嫁入り婚というのは、高群逸枝《たかむれいつえ》の婚姻研究で言うと、中世以降ということですから新しいのですけれども、そういったものを踏まえながら、よくこの話はできています。

　三女が餅を入れた臼を猿に背負わせるというのは巧妙な計画で、臼の重さで枝が曲がり、川に落ちたときにも臼の浮力で流れます。主人公の三女が智恵のある女性であることは明確です。計画的に殺人というか、「殺猿」というかをしています。三女の持つ智恵と同時に、恐ろしさみたいなものも感じます。強い反対があるかもしれませんが、賢さと恐ろしさが昔話で一緒に見えるというのは、原初的な女性の姿なのではないかと思います。

　それに対して、猿のほうは手伝いをしたり、欺《だま》されているのも知らなかったり、哀れに死んで行ったりす

る、というのは、無知なのかもしれませんし、やさしいのかもしれません。今のナヨさんの話では、「おれのごどぁ、心配《しんぺ》すなぁ」と言いながら死んでいくのですから、非常に哀れです。昔話は人物を様式化して語りますから、娘と猿はどうしても対照的になるのですが、この話はそれが性差として出ています。

ミヤさんの語りでは、最後、「そこで辺りの人達《しだち》が「親孝行のためだらば、猿さも嫁ごに行った娘だ」って、いいとこさ嫁ごにもらわれて、末永く幸せに暮らしたんだとさ」という結び方になっています（『正部家ミヤ昔話集』）。これでは、猿が哀れに死んで終わるのではなく、三女が再婚して幸せになるというストーリーでまとめていますね。逆に言えば、猿と結婚する勇気がなかった姉たちは、平凡な結婚をしたのだろうと想像できます。『遠野物語』二話の「遠野三山」の話ではありませんけれど、昔話というのは、普遍的に三女が成功していくことを語るのです。

人間の女性と異類の男性との話は、日本の場合には、この結婚がほとんどうまく行かないで、破局を迎えてしまうことになります。人間と猿が生き物として近いということを言いましたけれども、一方で、人間と猿との結婚は破局を迎えるのですから、人間と猿は大きな距離を持っています。人間と動物が持っている近さと同時に、ある埋めがたい距離を、こういう結婚の話はやっぱり語っていますね。昔話は確かに架空の話かもしれませんが、なぜ人間と猿が結婚した昔話を語り継いできたのかということは、やっぱり考えてみていい大きなテーマだろうと思うのです。

四　正部家ミヤの語る「人さもの食《か》せたくねえ男」

石井　では、ミヤさんには、「人さもの食せたくねえ男」を語っていただきましょう。一般には、「食わず女房」と言われるお話ですけれど、関敬吾の分類では、「異類女房」ではなくて「逃竄譚《とうざんたん》」に入れていて、男性が逃げる方に主題をおいています。そうした問題はありますけれども、人間の男性と異類の女性の結婚ということで言えば、先ほどの話と対照的になっています。ここでは、いったい男性と女性がどう出てくるのかというところに耳を傾けて聞いてみたいと思います。では、お願いします。

ミヤ　わかりました。ほんとはね、「先生、どこさふってくんべがな」と思って（笑い）、「なにしゃべらせんべな」と思って、おっかなくてらったのす。だけど、「もっと、おっかね話せ」というので、じゃ聞いてください。

むがーし、あったずもな。ある所《どご》に、なにもかにも、けちくせ、ほーんとに、口のあるものば要らねず男《おどご》いだったど。この男《おどご》ぁ、独り者だがら、みんなあだりの人だづ、

「なんたら、お前《め》、いづまでも一人っこいねで、嫁御

もらったらなんた（どうだ）」

ってすっつども（言うけれども）、その男《おどご》ぁ、

「おれ、口のあるものば、要らねます。もの食う嬶《がが》なんどば、もらわねがら」

って、聞かねがったずもな。

　そうしていだったずが、ある時《どぎ》、そごさ立派な女《おなご》訪ねて来たったど。

「なんじょにが、おれ、もの食《か》ねんがら女房《おがだ》にしてけろ」

って来たずもな。それ聞《き》でその男《おどご》ぁ、

「なんぼしたって、この世の中にもの食《か》ねずものなんてねんだが、食《か》ね食《か》ねたって、お前《め》も食《か》ってらべだら」

って聞いだど。

「いやー、おれ、絶対《じぇって》食《か》ねがら、まんつ一緒にいでみでけろ」

ってしゃべられだんだど。そごでその男《おどご》も、

「そだらば、美しな娘《あね》っこだし、一緒に暮らしてみんべがな」

って暮らしてらずもな。それくれえの男《おどご》だがら、なんぼしても米の減《へ》り方《がだ》、気付けでらったど。われ一人で食ってら時《どぎ》より、べがーべがーって、米減ってらったずもな。

「これぁおがすーな、なんたなごどしてらべな」

ど思って、なんとしてもその正体見たくて、ある日、

「こりゃこりゃ、おれ、町用足すに行ってくっから、お前《め》留守番してろよ」


って、そう言って町用足しに出はんべとしたど。したどごろ、その嬶様《ががさま》、

「ほんだら帰《けぇ》りに、大蒜《にんにく》三把買ってきてけでげえや」

って頼んだど。

「うん」

って出はったずもな。そして、出はったふりして、その女《おなご》のやり方《がだ》見だくて、馬屋桁《まやげだ》さ上がって隠れだんだど。黙ーって見でらずもな。そしたどごろぁ、その旦那殿出はったの、すっかり見計《みはが》らってがら、土間《にわ》の馬釜さ、どんどんと火焚きはじめだど。お湯っこいっぺはって火焚《した》いだずもな。

「なにすんだべ」

ど思って見でらどごろぁ、奥座敷にある米、片馬《かたま》（一俵）担《かつ》んできて、その湯が沸いできた。ぐらぐらど沸いでら湯さ、ざっわんと開けだけど。それがらかまして（掻き回して）、ぐらぐらぐらぐらど飯煮《まま》たずもな。片馬の飯だもの、その釜いっぺになったんだど。黙って見でらどごろぁ、その女《おなご》ぁ今まで立派に結ってら髪、バッサリど解いだずもな。解いどごろぁ、頭《あだま》の真ん中におっきな口《くぢ》あったったんだど。

「なんたなごどすんべ」

ど思って見でらどごろぁ、その片馬の煮た飯、握っては投げ、握っては投げ、みんな握りっこにして、この頭《あだま》の口さ、されごんで（勢いよく投げ込んで）しまったど。それ見で、その男《おどご》、なにもかもおっかなぐなったど。

「これぇ、大変《てぇへん》だ、化げ物なふだが（化け物のようだが）」

ど思ったずもな。

　でも、いづまでも馬屋桁《まやげだ》にもいられねがら、夕間方《ゆうまがた》になったがら、大蒜《にんにく》三把持って、

「こりゃこりゃ、今《えま》、帰《け》ったじぇ」

って、帰《け》ったんだど。そしたどごろ、その嬶様《がかさま》、旦那殿さば、ちゃーんと夕飯の支度して、えっぺ（たくさん）ご馳走出して食《か》せだども、われ、やっぱり一向食《か》ねがったずもな。

「そだべそだべ、あれくれも食ってれば食うごどできねんだ」

ど思って見でだど。そして一緒に寝だどごろぁ、その夜中《よなが》になったどごろぁ、その嬶《がが》ぁ、腹病みはじめだずもな。

「あでで（ああ痛い）、あでで、あでで、あでで」

ど、七転八転《しってんばってん》、転げあるって病んだずもな。その時《どぎ》、男《おどご》ぁ起きでがら、

「どらどら、なんぼくれぇ痛てぇのや、おれ、呪《まじな》ってけっから」

って、腹さ手っこやったど。そして、

「米片馬の祟《ただ》りが、大蒜《にんにく》三把の祟《ただ》りがー、米片馬の祟《ただ》りがー、大蒜《にんにく》三把の祟《ただ》りがー」

ってやったど。そうするど、その女《おなご》ぁ、むっくり起ぎだど。その時《どぎ》、すっかり口、耳まで裂けだ、角の生えだ、おっそろしい形相の山姥《やまんば》だったど。


「見だなー」

って、そう言ったがど思ったどごろぁ、その男《おどご》、取って食うべとしたずもな。男《おどご》ぁ、取って食れたくねぇがら、逃げだど。逃げだども逃げきれなくて、今度ぁ、戸外《とげ》さ出はったど。出はったどごろぁ、そごにおっきい漬《つ》け物樽《ものこが》あったったずもな。その樽《こが》さ入《へ》って隠れだったんだど。そだども、その女《おなご》ぁ走《は》せ出はってきて、その樽《こが》、むっつりど摑《つか》んで、ひっ担いだど。男《おどご》の入《へ》った樽《こが》担んで、山さ、わらわらわらど走《は》せ上がったど。その時《どぎ》、

「なんたにして逃げんべな」

ど思ってらどごろぁ、ちょうど雑木林の中さ入《へ》ったずもな、ぱらーん、ぱらーんと木の枝っこ入《へ》ってきたど。ちょうどええあんべな楢《なら》の木の枝っこ見《め》っけで、それさとっついで飛び出したど。で、隠れだずもな。その化け物ぁ、それど知らねがら、樽《こが》担んだまま、山さ走《は》せ上がってたんだど。なんぼくれぇが経ったがわがんねども、男《おどご》いねずごどさ（いないということに）気ついたど。樽《こが》降ろして見だどごろぁ、男《おどご》いねがったずもな。

「せっかくご馳走《つぉう》食んべ」

ど思ったどごろぁ、その男《おどご》いね。

「これわがね（これでは駄目だ）」

ど思って、まだ山降りで来たど。わらわらわらど山降りで来たずもな。ちょうど男《おどご》の隠れだのが、蓬《よもぎ》と菖蒲《しょうぶ》どの間《えだ》さ入《へ》って隠れでらったど。そしたどごろぁ、そ

ごさ来るど、その化け物ぁ、

「人臭せえー、人臭せえー」

って、嗅《か》いで歩ったど。なんとしても、その蓬と菖蒲との間《えだ》さ隠れだ男《おどご》探すごどできねがったずもな。というのは、この化け物ぁ、菖蒲と蓬を体さ感ずれば、体が腐るという化け物だったんだど。そのために、その男《おどご》ぁ、蓬と菖蒲との間《えだ》さ入《へ》って隠れだために命助かったんだど。

その日はちょうど五月の節句の日だったど。それで、節句になれば、ずーっと昔《むがし》から、蓬と菖蒲で屋根葺《ふ》いて、夜になれば、湯っこさ菖蒲入れで、菖蒲湯をして入《へ》るんだど。これは、そういう魔物に会わないという願いなんだどさ。どんどはれ。(拍手)

石井 五月の節句の菖蒲湯というのは、東京でも近くなるとマーケットに売りに出ますから、今でもとってもよく残っている年中行事の一つです。なぜ菖蒲と蓬の湯に入るのかという、その起源を語っているお話で、最後は年中行事になっています。

先ほどのお話は、猿が死んでしまうので、死に別れでしたけれども、今度は生き別れです。どちらかが死んでしまうということがなくて、最後、離別するというパターンのお話です。これは、人間の男性と異類の山姥の結婚を語る話です。

男性のほうは大変けちで、そのためにうまく結婚できないということになるのでしょうけれども、頑固で弱いところもあるし、疑い深いところもある。この話の場合、女性が「覗《のぞ》いてはいけない」と言っているわけではないのですが、いったいどうしてなんだろうと疑問に思ったので、男性は覗いてしまい、それが婚姻の破局になるのです。

木下順二の『夕鶴』の場面が印象深いですね。最近ではauという携帯電話会社がテレビコマーシャルで、女優の仲間由紀恵《なかまゆきえ》を使って、「鶴の恩返し」のパロディーをやっています。娘が機を織るために、戸を閉めて部屋に入ると、お爺さんお婆さんが気になって、すぐに開けてしまうと、もう鶴になっていて、「いきなりかい」と言います。「鶴の恩返し」の昔話と、電話料金の「いきなり半額」という宣伝の接点がおもしろいのです。

ここでは、「覗いてはいけない」とは言っていないのですが、覗いて正体を見てしまったために破局を迎えるのです。ですから、夫婦関係というのは見ちゃいけない正体は見ない方がいいんですね。うちなんかも、今日、東京に残してきていますけれど、今ごろ米櫃《こめびつ》を開いて食べているかもしれない(笑い)と思いますが、どうでしょう。くしゃみしているかもしれません。

この女性はものすごく食べるわけですね。「片馬」というのは一俵、つまり四斗の米、それに大蒜三把食べるわけですから、今でいえばギャル曾根みたいなものです(笑い)。大食いがびっくりさせるのは、人間らしくない力にあると思いますね。あんな小さい体で、にこにこしながら食べてしまうところに恐ろしさを覚えますけれど、どうでしょうか。

　この山姥というのは、「ものを食べないから結婚させてくれ」と言って結婚し、従順なよい奥さんを演じています。ところが一皮むいてしまうと、彼女はとっても怖い山姥である。山姥が人間を食べてしまう話はいくらもあります。『遠野物語』の一一七話には、ヤマハハが娘を食べてしまい、それを知った親がヤマハハを殺すという話が出てきます。昔話の中では、山姥というのは人間を食ってしまうほど怖いので、男が逃げて行くのは、よくわかります。

　そういう女性の従順さと恐ろしさは、どっちが正体なのかわかりませんが、どっちもたぶん正体なのでしょう。昔話では、そういう女性の持っている二つの側面を原形のままに出しているところがあります。人間には複雑な心の体系があるというのではなく、様式的で単純ですけれども、そこに女性らしい二面性が、こういう昔話の人物には強く残っているのだろうと思います。

　今、人間と人間ではない異類の話で、最初は人間が女性であり、次は異類が女性である話を見ましたけれども、そこには、もしかしたら交換可能なくらいの近さがあるのかもしれません。昔話というのは神話の末裔《まつえい》だと柳田国男は言いましたけれども、原初的な女性像がこうしたところに継承されてきていると思うのです。

五　正部家ミヤの語る「極楽を見てきた婆様」

石井　ミヤさん、女性の出てくる短い話でも、どうですか。

ミヤ　では、なじょでがんすぺ。「極楽《ごぐらぐ》を見てきた婆様」の話でもしんすぺが。はい、では聞いてくださいね。

　むがーす、あったずもな。あるとこに、とっても仲《なが》のいい若夫婦《わがふうふ》暮らしてらったど。この嫁御ぁ、何もかにも稼《か》せいでいたったずが、何ーんとしても、初めのうぢ、

「お母《があ》なお母《があ》な、お母《が》さんなお母《が》さんな」

っていだったずが、だーんだんに、このお母《が》さんも年取ってきたどごろぁ、おれみでぇに辛口ばり達者になって、さっぱり役に立たなぐなってしまったど。それで旦那殿《だんなどの》さ、

「えんなえんな、おら、とってもあの婆様嫌《や》んたやー」

ったど。

「どごさが連れで行ってげじゃ」

ってしゃべったずもな。息子、たまげだど。

「お前《め》さ、『どごさが連れで行げ』って言われだって、おれに一人ある親だ。どごさも連れで行ぐわけにはいがねがら、我慢してけろ」

って頼んだど。そしたどごろぁ、まだ二、三日したどごろぁ、

「おら、やっぱりあの婆様ど一緒にいるの嫌《や》んたます。そでは、おれの方、ここっから出はって行ぐがら」

ってきかねがったずもな。めげぇ（かわいい）嫁御に出はって行がれで困っから、

「そだら、婆様、何たにしたらえがんべ」

って相談したど。したどごろぁ、その嫁御ぁ、

「なーんでもこの間《えだ》がら婆様、『極楽《ごぐらぐ》見さ行きで、極《ごぐ》楽《らぐ》見さ行きで』って言ってらっけがら、極楽《ごぐらぐ》見さ連れでったらなんたべ」

言《し》ったずもな。息子も考《かんげ》えたど。

「婆様の行きたい所《とごろ》だら良《え》がんべ」

ど思ったずもな。

「うだら、その極楽《ごぐらぐ》ぁ、どごにあんのや」

って聞いだど。

「ねーさ、ねーさ、極楽《ごぐらぐ》なんて、どごにもねえのす」

ったど。

「そだら、なんたにするのや」

って聞いだどごろぁ、

「あれあれ、あの山奥《やまおぐ》にす、崖の下に、おーぎな淵のあっとごあっつがら、あそごさ連れでって、『こっから極楽《ごぐらぐ》見えるず』って、婆様、つっ飛ばして来んべしよ」

ってしゃべったずもな。息子、たまげだど。

「なーんぼしたって、そなな酷《む》げえごどでぎねがら、それだけは許してけろ」

って言えば、

「ほで、おら、家《え》さ行ぐます」

って聞かねえし、何たにもされねし、

「そだらば何時連れで行ぐのや」

って聞いだど。そしたらその嫁御ぁ、

「そんたなごどは早えほうえんだがら、今日連れで行ぐべし」

言《し》えったずもな。

「うだら、あそごまで何《なん》たにして連れでぐのや」

ってしゃべったど。

「おら、土方のモッコ（運搬用具）借りで来てらがら、それで担いで行ぐべす」

って言ったずもな。それから婆様のどごさ行って、

「婆様、婆様、お前、『極楽《ごぐらぐ》見てえー、極楽《ごぐらぐ》見てえー』て、言ってらけ、今日ぁ、その極楽《ごぐらぐ》見さ連れて行ぐがらなす」

って言ったずもな。婆様、喜んだど。生きでらうづに、一目だけ極楽《ごぐらぐ》見でがったど。だから、喜んだずもな。

「そだら、その極楽《ごぐらぐ》、どこにあんのや、あんまり遠くては歩っていけねぜ」

ったっけ、

「婆様歩がせるよなまねば、すんねがら、おれど旦那《えな》どして、モッコさ入れで担いでいくがら」

もっこさ入れで担いで行ったど。婆様、担がれて行きながら、

「なんたらいい嫁御だべ、なんたら親孝行な息子だべ」

ど思って担がれて行ったど。行ぐがー行ぐが、山さ上がってって、

「ここいらだらえがべ」

ど思うどこさ婆様降ろしたど。

「婆様、婆様、この下に極楽《ごくらぐ》あっつがら、すっかり見でおでえれ」

ったど。婆様、乗り上がって見だど。なんぼ見でも見えながったど。したっけ、嫁御、後ろがらぺっこ（少し）押してやったずもな。

「はい、今度見えますか」

ったど。

「いやー、真っ暗でなんにも見《め》ねや」

ってしゃべったどころぁ、

「そだら、すっかり見でおでれ」

と、後ろからどーんと突き落としてしまったど。そのどぎ、その婆様、ごろごろと転び落ぢながら、

「ああ、このやつら、おれ殺す気だな」

と思ったど。

「なんたって、こんなところで死んでられね」

ど思ったがら、そこさ吊《つ》る下がってら藤蔓《ふじづる》さつかまって助かったんだど。薔薇《ばら》に面《つら》かっちゃがれ（引っ掻かれ）、岩に面《つら》かっちゃがれ、目《まなぐ》も鼻もめーんねくれぇ、血ぐるまになって上さ這《へ》え上がってきたど。上がってみだどころぁ、息子も嫁御もいんねがったど。

「ああ、暗ぐもなったす、このままで、ここでおれ、凍《す》み死《す》んですまる。なんとかすて、助かりてえもんだ」

ど思って探すたどごろぁ、傍にお堂っこあったったずもな。そのお堂っこさ入《へ》って泊まったど。なんぼぐれが時間経ったがわがんねども、たいした賑やがな音《おど》っこで目醒ましたずもな。

「なに始まったべな、なにしてらべな」

ど思って、破《ぶっ》れ障子《かしょうじ》の穴っこがらまがって（覗《のぞ》いて）見だどごろぁ、泥棒ど、今日、盗《と》ってきた宝物の分け方してらったど。ご馳走《つおう》食いながら、酒っこ飲みながら、

「それお前《めぇ》の取りめぇこれだ、我の取りめぇこれだ」

って分けでらったど。

それー見で、その婆様、

「さてさてあの美《うつ》ぐしの何だべな。まっとしっかり見でな」

ど思って乗り上がったもんだがら、破《ぶっ》れ障子《かしょうじ》ど一緒に、泥棒どの真ん中さ、ばたーっど出はってしまったど。泥棒ど、たまげだど。目も鼻もねぇ、真っ黒な面して、白髪頭振り乱したもの、出はってきたもんだがら、それ、化け物来たずしま、ご馳走も宝物も、みんなされ投げで逃げでしまったど。そのどぎ、その婆様、腹っこも減ってらがら、ご馳走ば頂《いだだ》えたど。そして気ついだど。

「こりゃ、泥棒だ。こうやってで、おれ、今度ごそ殺されてしまる」

と思ったど。そごさ散らばってだ宝物みんな寄せで、どっこいど背負《しょ》ったど。

何時間かかったがわがんねども、家《え》さ行ってみだどごろぁ、息子ど嫁御どして、

「今頃、婆様極楽《ごくらく》さ行ったべが、地獄さ行ったべが」ってしゃべってらどごさ行ったずもな。それがら、知らねふりして、がらがらーっと開けだど。

「これこりゃ、今、帰《け》ったじぇ」

って声かけだ。さあ、嫁御のたまげだごど、たまげだごど、飛び上がったど。がだがだがだど震《ふる》ってだずもな。それ見で、

「うん、そだべそだべ」

ど思ったど、知らねふりして、

「お前《め》だづの親孝行のお陰で、とってもいいどこさ行ってきた。ほんとに、この世の中に極楽《ごくらく》ずどごあるんだなー。これぁ見ろこんなにお土産までもらって来たが」

って背負った宝物出して見せだずもな。そしたどごろ、嫁御、欲出してしまったど。

「婆様一人《しとり》行ってせも、こんたに一杯《いっぺ》お土産もらってきたもの、おれどえなど行ったら、なんぼもらうにえがべ」

ど思って、やんたがる旦那の手引っぱって、昨日な、婆様捨てだどこまで上がって行ったんだど。それがら一、二の三、どぼーんと、極楽《ごくらく》見さ行ったっきり、戻って来ねがったんだどさ。どんどはれ。（拍手）

石井　嫁と姑との対立の間にはさまれた息子がどうするかというので、悩みが多い話ですけれども、婆様が化け物と一体化してしまって、そこで泥棒たちの宝物を持ってくる。最後の嫁の行動には、人間のもっている欲望というのが出てくるというのが、本当に昔話らしいですね。『遠野物語』の一一話には、嫁と姑の間で悩んだ息子が母親を斬り殺すという実話がありますけれども、ああいう話と比べられます。

六　須知ナヨの語る「セヤミの話」

石井　あまり時間がないのですが、ナヨさん、何か一つ短い話を語ってください。

ナヨ　「セヤミ（怠け者）の話」。「お前《め》みでなセヤミわらし（怠けた子ども）あったずもな」って、いっつもしゃべる親父《おやじ》だったので、その「セヤミの話」を聞いてください。

　むがーし、あったずもな。あるどごに、なーんにもかにもセヤミのわらしいだったど。それごそ、ものの譬《たと》えに、「横《よこ》のもの縦にもしたくね」ずごどあんだが、その男《おどご》、「縦のもの横《よこ》にもしたぐね」くせ、セヤミだったど。それ見で親父、

「なーにやったって、まずこのわらし、年にも不足ねんだが、こんななセヤミなごってわがんねんだ（駄目なんだ）が」

　ある時《とぎ》、そのわらしがら聞いでみだど。

「こりゃこりゃ、このわらし、お前《め》、そんななセヤミなごってわがんねんだがら、ぺっこ（少し）旅さでも

行って見できたらなじょだ（どうだ）」

って言ったどごろぁ、そのわらし、

「あい」

　旅さ行くごどにしたど。家《え》の人《しと》だづのごどにせんば、

「なんぼセヤミだって、腹ばりも減らさせたくね」

ど思ったど。それ、どごのお袋だって、お袋ずーやづ、馬鹿は馬鹿なりに案ずるがら、

「握りっこばり、一杯《いっぺ》背負《しょ》わせでやるべ」

ど思って、握りっこ一杯《いっぺ》拵《こし》えでけだど。そして、その男《おどご》その握りっこ、

「どっこいしょ」

と背負って、ぶらーっと出はったど。どごさ行くず当でもね、なんたになるず目的もなく出はって行ったど。そして、行くーが行くーが、行ったどごろぁ、腹減ったったど。

「あいやー、腹減ったなー」

ど思ったずども、背負ってだ握りっこ降ろして食いだぐもねがったど。だれーが腹減ってきたら、この握りっこ降ろしてもらって食う気になって待ってらど。そしたどごろぁ、それ、下の方から編み笠被って、あんぐり口《くち》開いだ男《おどご》来たったど。

「あれだあれだ」

ど思ったど。あれ、腹減って口《くち》開いで来たようだがら、あれに下ろしてもらって食う気になって待ってらど。そーしたどごろぁ、それ、編み笠被って口《くち》開《え》えだ男《おどご》来たがら、

「じぇじぇ、お前《め》、腹減ってらべ」

ったど。そしたどごろぁ、その編み笠被って口《くち》開《え》えだ来た男《おどご》、

「何してよー」

ったど。握っこ背負ってだ男《おどご》ぁ、

「いやー、お前《め》え、口《くち》開《え》えで来たがらよ」

ったど。

「腹減ってらったら、おれの握りっこ降ろしてけろじゃ」

ったど。

「二人して食うべしよ」

ったど。そうしたどごろぁ、編み笠被って口《くち》開《え》えだ来た男《おどご》ぁ、

「ねーさ、ねーさ」

ったど。

「他人《ひと》の握りっこ降ろすところの騒ぎでねぇ」

ったど。

「おれの笠の紐解けだども、手出して締めるのセヤミして、口《くち》開《え》えで押せで来た」

って言《しぇ》ったんだどさ。セヤミして、きりねえんだど。上には上あったたとさ。どんどはれ。（拍手）

石井　これは母親と息子の話でもありますね。母親は、どんな息子に対しても、限りない愛情で育てていくのでしょうね。先ほどの「極楽を見てきた婆様」の場合とは対照的です。前半の二話が異類の登場する話だっ

たのに対して、後半の二話は現実的な人間と人間、それも母親と息子の話という構成になりました。それにしても、何の打ち合わせもなく、しかも限られた時間の中での瞬時の判断で、こうした話を選んで語るというところに、お二人のすごさを感じます。

七　臼田甚五郎と野村純一の「女語り」

石井　終わりの時間が迫っていますので、「女語り」に触れて、この話の結びにしたいと思います。

この後ご講演くださる野村敬子さんには、この六月に亡くなったご主人の野村純一さんとのお仕事がいくつかあります。野村純一さんは、最後に、『〔定本〕関澤幸右衛門昔話集――「イエ」を巡る日本の昔話記録』を、大きな一冊にまとめました。この中には、研究の出発点となった三冊の昔話集がまとまっているのですが、昭和四二年（一九六七）の『吹屋松兵衛昔話集』の序文として、恩師の臼田《うすだ》甚《じん》五郎《ごろう》さんが「女語り」という文章を書いています。冒頭に、こんな一節があります。

> 昔話蒐集《しゅうしゅう》の先駆者であった佐佐木喜善氏の編著のうちでも『老媼夜譚』『聴耳草紙』などは、まことに耳ざわりのよい書名である。
> 　昔話の語り手というと、老婆の姿がまず浮んで来るのは、『老媼夜譚』の魅力もかなり作用している。

つまり、「昔話の語り手」と「老婆」との強い結びつきを世の中に提示したのは、佐々木喜善の『老媼夜譚』だということです。これは、今日のお話の冒頭でも、詳しく確認したとおりです。

そして臼田さんは、野村さんの仕事を振り返りながら、「火を中心とした炉端の構造からも、「男語り」と「女語り」の存在性を探求し得るものと思う」と提言したのです。神棚を背負って男性が語る「男語り」というのは非常に「重いもの」で、「一族一家の旧事の如き」ものを語ったのではないか。それは野村さん自身の言葉で言えば、やっぱり「伝説」ですね。

それにも負けず劣らず重要だったのは、主婦の座に座って、台所の水を背にする女性が語る「女語り」で、これもとっても「重いもの」でした。これが「昔話」だったわけです。それぞれ交流がありながらも、語りの世界では、男性が「伝説」、女性が「昔話」へと重点化していくところがあるのは、やはり喜善の昔話集で確認できることでした。

さらに、昭和四七年（一九七二）の『関澤幸右衛門昔話集』の「序」で、臼田さんは、沓沢ミノという文字の読めない女性がとっても豊かな語りをしていて、擬態語・擬声語を多彩にまじえ、唱え言や歌句も入れている、という指摘をしています。無文字世界の語りがいかに豊かだったかという驚きで、「文字を知らない人の伝える口承文芸がかくも見事なものであることを示してくれた」とも言っています。

我々は文字を知っていて、書くことも読むこともできます。けれども、普段の生活がすべて文字かというと、一日中メールをやっている人は別ですけれど（笑い）、今なお無文字世界に生きているはずです。つまり、生活のほとんどは聞いたり話したりして過ごしているのです。全部が文字世界になってしまったわけではないという意味で言えば、無文字世界の歴史を背負っていると思います。

この山形県最上《もがみ》地方の旧家関澤幸右衛門の場合は、長女が婿をとって家を継ぐ「姉家督」の相続ですから、そこでは「男語り」と「女語り」と重なっているところがあって、女性でも「伝説的なもの」を語ります。それがまた長男の相続になると、「男語り」と「女語り」に分かれていくようなところも見られますが、昔話を語る優れた女性の素姓の追跡したわけです。

一方、遠野の鈴木サツさんが語り部として活躍しはじめたのが昭和四六年（一九七一）でした。ＮＨＫのラジオで語り、市民センターのこけら落としで語ったのが、この年です。そして、ちょうどこの頃、女性の昔話研究者が次々と現れてきました。岩手の高橋貞子さん、岩手と佐渡の丸山久子さん、秋田の今村泰子さん、鹿児島の有馬英子さん、そして、この後、お話しくださる山形の野村敬子さん。「女語り」のみならず、女性の語り部にしても、女性の研究者にしても、みな一緒に世の中に現れてきたのです。

高齢化社会を迎えて、私は、遠野の語り部の社会的な価値を、日本の人々、とりわけ地元遠野の人たちにきちんと認識してほしいと思っています。ただのホラ話を語っているのではなく、「言語芸術」であり、「貴重な文化遺産」であるという誇りを持って語ってほしいのです。古くて新しい昔話は、それが町づくりにもなるし、子供たちの教育にもなるだろうと思います。

女性ということで言えば、最近では板東《ばんどう》眞理子《まりこ》さんの『女性の品格』が一〇〇万部くらい売れているそうですが、二一世紀を作っていくのは、確かに女性の品格だろうと思います。欧米から学んだフェミニズムの理論で、頭から男女同権を言うのではなくて、むしろポスト・フェミニズムの智恵を民俗の中に探していったらいいと思うのです。日本人の伝統を否定するのではなく、そういう反省の中から見きわめていけば、男性と女性の新しい生き方が探れるのではないかと考えます。

そのときに、昔話に向けて女性がどういう働きをするかということが、とても大きい。さらに残された課題とすれば、伝説に対して男性はどうあればいいのかということも、いずれ議論しなければいけません。すでにその部分は、『遠野物語』のゼミナールなどで行ってきたことかもしれません。「男女共同参画」と言うのならば、地に足がついた実践が大切です。女性はもちろん、男性にとっても、そうしたことを考えるための一つの手がかりに、こういった学びの場がなければいいと思うのです。

この後の野村敬子さんは、東北の山形の地で、お産の語りから外国人花嫁の語りまで、長く「女性と昔話」のテーマを追究してこられました。野村純一さんの「女語り」も野村敬子さんとともに発見され、この課題はむしろ、敬子さんの研究の中に豊かに受け継がれてきたように感じます。フィールドの場で、女性の視点から、女性の語りを見つめてきた第一人者のご講演です。私たち三人のお話が前置きになりますけれども、これを受けて、まさに記念すべき講演を伺えるのではないかと楽しみにしています。

では、ミヤさん、ナヨさん、ありがとうございました。（拍手）

＊引用は新漢字・現代仮名遣いに改めました。

【参考文献】

・佐々木喜善『佐々木喜善全集Ⅰ』（遠野市立博物館、一九八六年）
・倉石あつ子『柳田国男と女性観――主婦権を中心として』（三一書房、一九九五年）
・鈴木サツ全昔話集刊行会編『鈴木サツ全昔話集』（福音館書店、一九九九年）
・小池ゆみ子・小林美佐子・田中浩子・丸田雅子編『正部家ミヤ昔話集』（小澤昔ばなし研究所、二〇〇二年）
・板東眞理子『女性の品格』（ＰＨＰ新書、二〇〇六年）
・野村純一編・写真＝清野照夫『〔定本〕関澤幸右衛門昔話集――「イエ」を巡る日本の昔話記録』（瑞木書房、二〇〇七年）

女性と昔話

野村敬子

一　胎内記憶を語る「原郷譚」

只今、石井先生が『老嫗夜譚《ろうおうやたん》』の辷石谷江《はねいしたにえ》婆様やシンニャの婆様、横崖《よこがけ》の婆様、大同の婆様のことなど、だいたいのことをおっしゃってくださいました。先生とこれは重なさらないでしょうと思う、かなり外れた方面から、「女性と昔話」のいろいろなところを考えてみたいと思いまして、賑やかな資料を用意いたしました。

　久しぶりに遠野に参りまして、昨日、聞き歩きを致しました。博物館にも行きましたが、『遠野物語』から展示が始まる博物館は、本日のテーマから申し上げますと少々不安になりました。男性ばかりなんです。『遠野物語』は男性原理によって構成されていると知っておりましたけれども、行けども行けども、偉い男性の仕事と写真がたくさんある。「ああ、庶民の声がする」と思いましたら、馬市の博労《ばくろう》でした。そしてようやく「女性がいる」と思いましたら、ザシキワラシ。

今日、語り手の女性の皆様とお会いして、なにかとてもほっとしております。二一世紀を生きていく昔話のためには、二〇世紀の方法論では、やはり手狭になってきました。そこで、私は思いきって、「女性って何？」という問いから始めてみます。私自身が女性ですから。

この作品は丘光世《おかこうせい》さんの版画でございます。女性とは、この姿に尽きるのではないでしょうか。子宮という女性の器官がございます。そこで他者である子どもの身体と人格を育てて、そして生みます。生みましたあとは、おっぱいで育てていく。この可能性を持つ性。これが女性だと思います。

今更なぜこうしたこと申し上げるかと言いますと、このキーワードを持ちますと、国境が越えられます。戦争ばかりしているのは男性原理で、ほんとうに困ります。人種や宗教はもちろん、経済や政治も越えて、私たち女性は（生む生まないにかかわらず）、子宮を持つ人間として、この姿で世界を平等に結んでいくことができるのではないかと考えました。

しかし、男性は、「じゃあ、僕らは関係ないね」とおっしゃる。ほんとうにそうでしょうか。「誰

丘光世「はやくあいたいな　Kosei Oka」

からお生まれになりましたか」と、私はいつも申し上げております。が、なかなかこのテーマを共有してはいただけないようです。

平成三年（一九九一）五月、中国の河北省の藁城《ホワイナン》市で開かれた民間故事国際学術研討大会の催しに招待されて、日本からの一人として参ったことがありました。中国では国家的な事業で昔話を発掘しておりましたけれども、二〇〇話を語る男性の語り手がおりました。「どこでこんなに覚えたの？」と質問されて、「うん、お母さんの臍《へそ》の穴から、ずーっと聞いていたような気がする」、そうおっしゃいました。そして、みんな笑いましたね。

しかし、笑わない方がいました。日本代表団の松谷みよ子さんと吉沢和夫さんで、「あら、木下順二さんと同じだわ」とおっしゃった。先にも出てきた『夕鶴』の木下順二は独自の感覚を持っていて、生まれた日のことを記憶している。『本郷』という雑誌の中に、その時聞いたり見たりしたことを克明に書いています。男性にとっても胎内はやはり問題なんだと思って読みました。

國學院大學栃木短期大学の学長をしていらしゃった岡野弘彦《おかのひろひこ》先生の最近の短歌を引いてみます。『バグダッド燃ゆ』という詠み下ろしの歌集が昨年（二〇〇六）出版されました。その中で、お母さんの子宮にいた記憶と、それからこの世に生まれたときの記憶について、たくさん連作をしていらっしゃる。私は誕生記憶についてお書きになった先生の随筆を使って論文を書かせていただいております。その中から、「ああ、先生、私に下さった」と思って、さっそく頂戴してまいりました。

あたたかくつつみ育《はぐく》む　女《め》の器《うつは》。か寄り　かく寄り　冥《くら》くただよふ

生みをへて　血の気うせたる母の貌。くらき灯かげに　息づきてをり
けぶる眼に　笑まひやさしく近づきて　おぼろにゆらぐ十八の母

岡野弘彦先生は、天皇陛下、皇后陛下のお歌の相談役で、たいへんお忙しいのですが、その中でこれを詠んでいらっしゃる。先生にとっても、たいへん重要なライフワークの重要な部分を出してこられた。八一歳におなりですが、先年随筆をお書きになり、そのような境地を詠めるようになった御様子です。

男性にとっても、お母さんの胎内の記憶と、この世に出てくるときの記憶というのは重要なものだったらしいのです。有名なのは三島由紀夫がいます。まどみちおは、まさに産道を通ってくるときの詩を作っております。それから最近では、黒沢明が零歳《ゼロ》の記憶について記した本を読みました。この会場にも、女性で、「私もあるわ」と名乗り出てくださった方がいらっしゃいますが、誕生記憶があるそうです。母の胎内記憶というものを、この頃口にする方々と出会うようになりました。

このようなことで、お母さんの子宮の中の、他者としての自分の姿を語っている。みなさんが特有のスタイル（話型）を持っているわけです。お母さんのお腹から出てきたときの、見える、聞こえる、匂いもするという感覚を作品化しているのはすぐれた芸術家ばかりですが、もしかしたら、皆がこういうものを持っていらっしゃるのかもしれません。私はこれに「原郷譚《げんきょうたん》」と名付けて学会発表をしました。「違うぞ」とおっしゃる方がまだ出てきませんので、そうさせていただいております。

二　近未来の昔話を開くために

人の生命の原郷を語っていくときに、民俗学では、まだ生まれたばかりの子どもは肉のかたまりで、見えず聞こえず、何も分からないという考え方をしておりました。が、現実そうではなかった。科学者からいろいろなデータが出てきました。

小児医学や産科医学の方が、「三〇週すぎると、耳は聞こえていますよ。そして生まれたときは、もう成人と同じ。野村さんのような老人と違って、もっと聞こえますよ」と言われます。「じゃあ、どんなふうに聞こえるんですか」と質問しましたら、羊水の中にマイクを入れて実験してくださった方がいます。そうすると、プールの中で聞こえるような音ですが、「それは誰の声？」と聞きますと、それはお母さんの声でした。

超音波の中で実験をしてみますと、子宮の中でいつも聞いているお母さんの声にはよく反応するけれど、たいへん不思議なことですけれども、お父さんの声にはあまり反応しない。それで、こういう芸術家たちの表現していることも、納得できます。二一世紀には、もっともっと「原郷譚」を語る方が出てくるかもしれませんし、分類にいとまがないほどの、いろいろなスタイルの昔話が出てくるかもしれないと思います。男性も女性も「原郷譚」になる聞こえの感覚が整っているという新しいスタートに、科学は到達しておりますので、民俗学の考え方も変わっていっていい頃かと思います。

聞こえの医学は、お産の実際にも影響を及ぼすもののようです。産院の待合室などで、「うちの子どもはどんぶらこっこが好きなのよ」と、臨月のお母さんが一生懸命語りかけをしている。「何の話がいいでしょうね」と相談を受けることもあります。マタニティーの中で昔話は、新しい生命を吹き返しております。「お母さんの安心のために語っていいんじゃないの」と、産婦人科のお医者さんは言います。出てきた赤ちゃんに聞いてみなければわかりませんが、どうぞこれからの若いみなさんが聞いてください。そんなことで、まず、「女性というのは何か」ということを確認してみました。

私は、近未来の語りのことを考えております。何か手がかりはないか。五〇年、日本の人々の語りを聞いてまいりました。一九八〇年代に遠野に来ていて、学会ではフィールド最年長のおばあさんになっております。何か新しいメッセージを残して、年取ってみたいと思って、このような唐突な話をさせていただきます。

遠野は、近未来における昔話の拠点だと思います。今、お二人の方の昔話を伺っておりましたけれど、楽しいですね。ずーっと聞いていたくなる。昔話というのは、こんなに現代に対応した形を持っている。おそらく月にロケットが飛ぶ理屈より、今の遠野昔話の理屈というのは、新しいのではないでしょうか。昔話はだいたい地縁血縁の人にだけ語っていたものですが、不特定多数の外来者にこれだけ胸を開いて、自分たちの大事な話を語るということは、新しい文化です。

白状しますと、私が大学二年生のとき遠野昔話採訪に来まして、一話も聞けなかった。「ねえさん、そんなことしないで、昔なら子どもの一人や二人いる年頃だ。家へ帰って、針仕事でも習った方がいいんじゃないの」と言われて、帰って行きました。遠野は厳然たる民俗社会の理屈をまだ持っていらっしゃいましたね。ですから、民俗社会の理屈を一度解体し、鍊え直した今の遠野は新しいことになります。

そんなことを考えて、昨日はずっと遠野の町を聞き歩いてみました。「世界民話博」がありまして、そのときにもスタッフの一人として参りましたけれども、久し振りの遠野は以前よりよくお話をしてくださるようになっていました。たくさんの方に話を聞きました。

そこで、近未来を開くために、古い文献をさかのぼってみたいと思います。国境を越えます。私は国文学の専攻でございますが、ちょっと学問の領域も逸脱してみたいと思います。

まず、イタリアに行きましょう。一番目は『ペンタメローネ』のジャン・バッティスタ・バジーレという作家のナポリ昔話集の枠物語の導入部をつまんできました。これはみなさんご存じのグリムよりは一八〇年ほど前、ペローよりは六〇年前、イタリアのナポリ方言で書かれた古い昔話集でございます。「長靴を履いた猫」も入っておりますが、「灰かぶり」「手なし娘」「眠り姫」も入っていますね。「三つのシトロン」も入っておりました。

今まであまりよく判らなかったのですが、平成七年（一九九五）、日本で杉山洋子先生、三宅忠明先生による完訳ができて初めて全体像が分かりました。周産期は英語でPERINATALと言いますが、ペリネイタルに向かった昔話集だったんですね。大正時代、『童話の研究』中、高木敏雄によって、『ペンタメロン』として日本語に訳されていましたけれど、男性はそんなところを訳さないので、今回、初めて女性の訳で見えてきました。

その話はこうです。イタリアのナポリの大公のお后が、妊娠をして臨月になった。もう生まれそうになったら、昔話が聞きたくて聞きたくてたまらない魔法をかけられてしまったのです。いろいろ経緯がありますけれども、「昔話を聞かせないと、この子をつぶすわよ」と言う。それではたいへんだというので、大公がナポリ中の女の人を集めます。そして、その中から一〇人、語り上手の方を招いて、「おもしろい話を語っておくれ」とお願いするんです。五日間というので、この題は「五日物語」となっています。ヨーロッパの古典とも言える昔話が、周産期のお母さんの臨月に向かって行われたと知りまして、私はたいへん嬉しくなりました。ちょっと、そのところを読んでみます。

かなえてほしい。出産予定日までの四、五日の間、おばあさんが子どもたちに語り聞かせてやるようなおもしろい話をしてくれるとありがたいのだ。毎日おなじ場所に集まり、まず食事を済ませてから……

そこで、たくさんのご馳走が出ます。語り手のおばあさんというのは、腰が曲がった人、鼻水を出している人、よだれたらし、しかめっ面、かすみ目、かさぶただらけの人など、庶民の中の庶民です。そのような人の昔話を聞いた資料集が、正式には『お話のなかのお話』（後に『五日物語』となる）として、ヨーロッパで出ているのはたいへんもしろいと思いました。

三　日本に続いてきたお産の風景

私は、ただ今、正部家《しょうぶけ》ミヤさんと須知ナヨさんのお母さんがお産婆さんだったと知ってびっくりいたしました。私の調査によりますと、かつて日本の語り上手の多くは産婆・取り上げの経験者なんですよね。知らない土地に行って、お産にかかわるお婆ちゃんを見つけて伺うと、まず、語り上手でいらっしゃいました。ですから、「正部家さん、須知さんもそうかな」と思って、今、とても感心しているところでございます。お産婆さんの血が流れていらっしゃるのでしょうね。

日本にも、この『ペンタメローネ』と同じような民俗がございました。私は「産婆じゃないの」と言われるくらい、産室の語りばかりを調査して歩きました。今日は詳しく申し上げる暇がございませんが、『岩波講座日本文学史』の「昔話と女性」に、お産と昔話との関係を書いておりますす。日本で昔話がお産の部屋で行われたことを考えてみます。お産の部屋にはたくさんの人が寄る民俗がありました。そして、産室に人が寄ったら何をしているかということから調べてみました。

河本家本『餓鬼草紙《がきぞうし》』の「伺嬰児便餓鬼《しえいじべんがき》」には、平安時代のお産に対する考え方が示されています。かなり高貴な家の、非日常のしつらえの中で、白い着物を着ているお産の状態が描かれております。真ん中に何かいますね。お産のときを狙《ねら》ってきて、子どもの便を食べるモノ。お母さんの後産《あとざん》も食べるのですが、食べられたら死んでしまうのです。そういうモノがお産のときに集まってくるので、人が寄って生命を守るのです。

『紫式部日記』を読みますと、寛弘五年（一〇〇八）ですか、中宮のお産がある。そこに、これの何倍もの形で験者や巫女《みこ》みたいな者、勤めが終わった女官たちもつめかけて、びっしり中宮のお産の場所に集まっている様子が書かれております。何故集まるかというと、そういったまがまがしいものが、生まれた子どもやお産をしたばかりのお母さんの肉体を狙《ねら》ってやってくるという考え方があったからです。

平安時代の記録は、高貴な方だけの記録ですが、私たち庶民のお産がようやく分かるのは、だいったい江戸時代でございましょうか。私は女性民俗学研究会に入って、こんなふうに女性たちがお産の部屋に集まるという民俗について学んでおります。この民俗は、時間を経てもまだ人々の中に生きていることを知りました。

さきほど石井先生がご紹介くださいました私の師・臼田甚五郎《うすだじんごろう》先生が、昭和五〇年（一九七五）、兵庫県宍粟郡《しそう》の山崎町《やまさき》という所に採訪に行かれました。語り上手という人を社会教育課の方に六人ぐらい集めていただいて、挨拶をしてからテープを回しはじめたところ、なにやら伝言が入って、「済みません、お産になりましたので」と、みんな帰ってしまわれたというのです。その日、先生は「一つも話を聞けなかった」とおっしゃって、「敬子さん、あれはいったい何だね」と、怒っておられました。

私は先生に、「先生、菅江真澄《すがえますみ》から臼田甚五郎へですよ」と申上げました。江戸時代の天明期の菅江真澄という人は北東北をよく歩いて、藩主に抱えられた本草学者・随筆家・民俗学者で、『筆のまにまに』という随筆を書いております。秋田の八森――「秋田音頭」に歌われているハタハタの名所ですね――へ来て、お産が始まると、海村ですから海岸端に産屋《うぶや》があったのだと思いますが、女性たちが夜伽《よとぎ》に行く姿を見ている。産の伽に行くのを、この辺では「火たきに行クといふ」と書いている。

天明のインテリと昭和のインテリが同じお産に行く女性の後ろ姿を見ていると思うと、とても嬉しくなりました。日本は、あまり変わってないんですね。江戸と昭和で、そして場所は秋田という東日本と兵庫県といえば西日本です。その長い時間と距離の差を越えて女性たちがお産の場に行く。集まっている。人間が選び取ってきた大事なものというのは、何があってもあまり変わらないのかなと思いながら、古い資料を見ておりました。

それから、兵庫県日本海側美方郡のあたりは「伽に行く」ことを「へばりに行く」ともいうようですね。若い女性たちは、お産の部屋に行く。私ぐらいの年寄りになると、小高い丘に登って海の方を見て、お産が始まると、みんなで潮の具合を見ながら、「うーん、うーん」とへばる。そして、産婦と海の潮に乗ってやってくる生命に力を貸す。そうした民俗がなくなっても、お産に力を貸すことを「へばる」ということを、一昨年兵庫県採訪で知りました。

これは女性民俗で、男性はあまりへばらない。しかし、「クーバード」というのが他民族にありまして、奥さんが産気づくと、重い石を背負って産屋の周囲をぐるぐる回らなければいけないという地もある。同じように力を貸すんですね。女性が悪阻《つわり》になったら、夫にも「男の悪阻」というのもあるので、男性と女性は分離しているようで、一体化しているところも民俗のなかには見えております。

そのお産の所に人が寄って何をするかというのを、江戸時代の川柳《せんりゅう》に知ることが出来ます。「産の伽口がうごくで持《もっ》たもの」（『誹風柳多留《はいふうやなぎだる》』）。「口がうごく」というのは食べること、声を出すことです。さっきの『ペンタメローネ』ではないですけれど、たくさんご馳走を食べて語り合うということのようでございます。「人が加わる」と書いて「伽」という字になりますが、生命に向かって一生懸命に力を貸すというのを「伽」と言います。

広島の方では、「伽」というと、生涯切っても切れない他人との関係を言いますが、本日、山形県鶴岡市温海《あつみ》からお出でくださった三浦牧《みうらまき》さんの土地では、「ケヤキ姉妹」と言いまして、女の子が藁《わら》の籤《くじ》を引いて、生涯切っても切れない関係になる習俗が今日も続いています。一番の目的は「お産が軽くなるため」と伝えられています。結婚式のときも行く、もちろん、お産のときも行く。それが伽なのですね。その「ケヤキ姉妹」という神様が結んでくれた藁籤が人々を動かしている。大きなものの力によって結ばれているわけでございます。三浦さんのお顔を見て、温海採訪の感動を思い出しました。

四 お産の体位と語られた昔話

そのお産の古い姿の中に、なにやら珍しいものが描いてあります。ご覧になったこと、ございませんでしょうか。この「産椅《さんき》」は京都の洛東遺芳館に収蔵された品です。出産を終えた後に産婦が使う椅子ですが、漆塗《うるしぬ》りに螺鈿《らでん》の入った、たいへん立派な椅子でございました。

単なる木の椅子の場合もあります。『産家やしなひ草』の図絵では、籠か箱のようなものに入っております。それらは一様に、黄表紙『桃太郎一代記』のようにして使うことになります。（五〇頁参照）お母さんが体を起こして、もたれものに寄りかかっていて、江戸時代では定番のお産後の風景でございます。

高貴な人は、自分で買い求めてきますけれども、庶民は借りています。『絵本朝日山』には、江戸時代のものですが、男性が産椅をかついで走っている絵があります。産椅を配達中のようです。井原西鶴《いはらさいかく》『本朝二十不孝《ほんちょうにじゅうふこう》』に拠れば、産の椅子《いす》は大枕を添えて、レンタルで一日一分、七夜で七分で借りて、お産をしたということでございます。貧乏人は、なかなか生まれないと困るというようなことになりましょう。

産椅は借りてまでも座らなければならないというものだったそうです。それは、体を寝かせると死ぬと信じられていたからです。身体観というのでしょうか。眠ると魂が抜け出して、どこかへ行ってしまうので、お産の夜は絶対寝ては駄目なのです。「而今俗上自天子后妃。下達士庶妻妾。皆莫不甘受是厳責」、それは天子様のお后さまでも庶民の女房でも同じだと、『産論』という、江戸時代の書物に書いてございます。同じような姿をして、身分の隔てなく子生みをするのです。

私はこの体位にこだわってみました。どんな産婦も同じですし、生まれてくる赤ちゃんも足が発達していません。日本の民俗で、おんぶをしたり、亀の子半纏《はんてん》を着せたり、ねんねこ半纏や掛け着物を着て、身を起こし、立て抱きをしてお宮参りをするというのは、みんなこの体位の民俗観念に基づくと思われます。産後は母子の立てない身を魔物に狙われないように守り、眠気醒《ねむけざ》ましの番をするわけです。

それで京都のお産では、お姑さんがつく。さっき姑と嫁の話が出てきましたけれども、どちらも女性なんですよね。女性が女性に力を貸すという形は、このお産に顕著に現れております。

一生懸命、「眠っちゃ駄目、眠っちゃ駄目。眠ると死ぬよ」と言って、お姑さんが番をしてくれて、番をするだけでは駄目だから、運命譚を語ってくれた。産婆さんがお産の時、運命譚を語ってくれたという事例は、大島《おおしま》

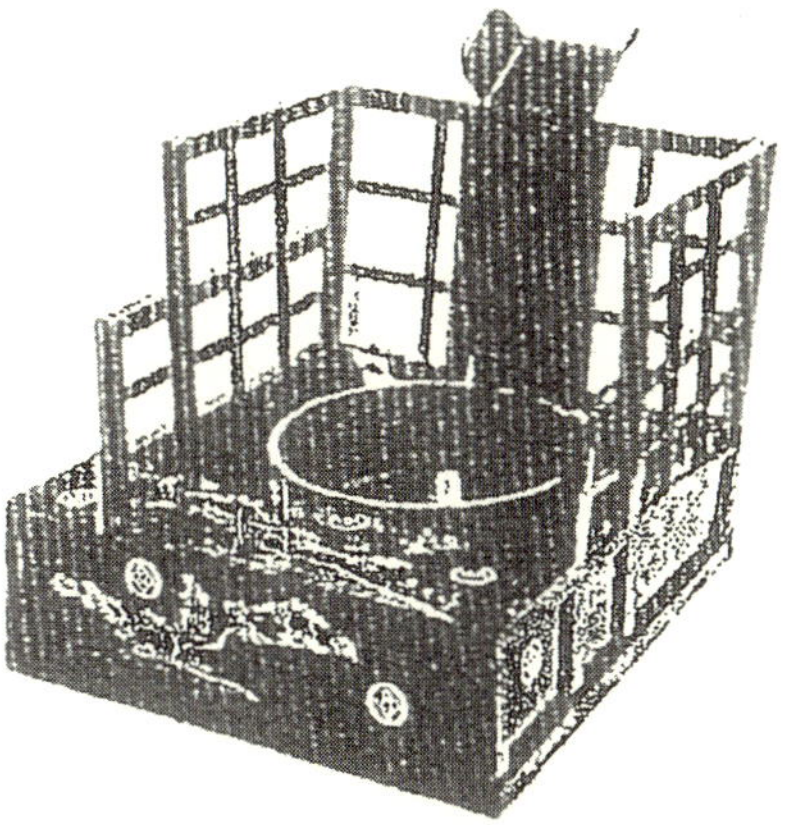
「産椅」洛東遺芳館蔵

建彦《たてひこ》先生が『秋田民俗』第八号に書いていらっしゃいました。秋田の採訪で、お産のときに産婆さんから聞いたという話もありました。そんなことで、食べながら、眠気を覚ましながら、夜通し語りをする。昔話が豊かにそこで栄えるわけでございます。

昭和二〇年（一九四五）、日本が太平洋戦争で敗れたときに、連合国最高司令官総司令部（GHQ）公衆衛生福祉局（PHW）初代看護課長にいたオルト大尉という女性が、自宅分娩から病院へと、日本のお産を変えようとしました。でも、いつまで経っても、病院に産婦さんが集まってこない（敗戦当時家庭分娩は九八パーセント）。助産婦担当がエニート・マチソンという方に代わったときに、伊藤隆子という助産婦さんが東京都内の幾つかの家庭分娩を見せに連れていったそうです。そうしましたら、助産婦が中心となって、臨機応変に人々がお産婦さんに力をつけていたのでしょう。マチソンは助産婦による家庭分娩を受け入れたそうです。詳しいことは、平成元年（一九八九）発行の『助産婦の戦後』という大林道子さんの本に書いてあります。

私も、甥や姪が自宅で生まれたのを見ております。そんなことで、昭和三〇年代まで、自宅分娩がございました。「産は病にあらず」と、江戸時代の人が言っているのに、お医者さんに行ってしまったのが私たちの世代でございます。たった一人での病院出産は、実に寂しいものでございましたね。

その後昭和六四年（一九八九年）、テレビ朝日の清野照夫《せいのてるお》さんというプロデューサーの方がおられて、助産婦がかかわって、自宅分娩をするテレビの番組を作りました。「親の目　子の目」「新しい命との出会い」という、たいへん優れた番組でございました。それが視聴者に感動を与え、助産婦による自宅出産が人々の意識に新しい波を引き起こすきっかけになりました。

私は高田馬場の「お産のミニ博物館」という所に時々出入りをさせていただいておりますけれど、そこでもビデオに撮ったお産の作品を見ました。お産を人々の手に戻そうという動きがありますが、お産の場に人の語りをも再現していこうという動きに恵まれたいですね。遅々として進まない文化再生かもしれませんけれども、そうしたいくつかの出来事がありまして、少しずつお産の周辺も変わってきております。

お産には、時間がかかります。そしてお産の場には言葉が必要です。それは、もう一度、河本家本『餓鬼草紙』の平安時代のお産に戻っていただくとよく分かります。みんな笑っています。みごとに、ここにいる人が笑っている。笑い話がお産の場で語られたらしいですね。滋賀県栗東《りっとう》町で語り上手の尼さんと知り合いになりました。おかしくて、おもしろくて、そんな話をどこで仕入れたのかと思いましたら、お産の「火焚《ひた》き」に行って暮らしを立てていたそうで、職業的におもしろい話を覚えていらっしゃる。

その方に、「笑うんですか、痛いときに」と聞きますと、そうじゃないんですよね。後で気がつきましたが、ラマーズ法と同じ呼吸なんです。昔の人は賢いなと思いました。平安時代からラマーズ法的な出産があったのです。どうしてこんなに笑うのかというと、人の喧噪《けんそう》、人の声に、この餓鬼は手が出ない。人が集まって賑々《にぎにぎ》しく笑い声を立てている家に、魔物は寄らない。「古屋の漏り」で折口信夫《おりくちしのぶ》が書いておりますが、人が話をしている家には、魔なるモノはとても手が出ない。

眠りながら笑うのは寝言ですが、笑いながら眠るということはなかなかできない。これは産室に笑いを満たし、産婦の眠りを遠ざける営みですが、、そういった生活の知恵がそこにあるので

黄表紙『桃太郎一代記』（国立国会図書館蔵「野州國文學」より転載）

しょう。そして、笑いは生まれた子に祝福を与えることができますよね。祝福をもって迎えるというのが産室の語りの儀礼でございましたから、「ああ、めんごい子だ、めんごい子だ」と言って、出てきた子どもに言葉をかけ、祝福を与える、という民俗も報告をさせていただいております。

笑い話の他には、「化け物退治」「鬼退治」とか「桃太郎」が人気でございました。黄表紙『桃太郎一代記』は、どんぶらこっこと流れて来た桃を、お婆さんが食べちゃいます。お爺さんも食べちゃう。そうしたらすっかり若返りまして、一子をもうけて桃太郎が生まれるというのです。これは「回春型桃太郎」と呼ばれています。

桃から生まれる「果生型桃太郎」は、だいぶ経ってから絵本になっております。巌谷小波《いわやさざなみ》たちが出てきまして、子ども向けに再生を図ったあたりから、日本の「桃太郎」はお婆さんお爺さんを若返らせなくなりました。そんなことで、『桃太郎一代記』では、お婆さんが産の籠か椅子に腰掛け、産婆さんが桃太郎を洗っております。横にいるのは伽の人ですね。桃太郎が生まれて、そこで煙草《たばこ》を飲んでいるのは、魔除けのための夜伽のお婆さんで、そして話をしている姿でございます。

ここには男の子が生まれて嬉しくてたまらないお爺さんもおります。江戸時代から男子願望が強うございまして、男の子が欲しいというので、「桃太郎」の錦絵《にしきえ》は飛ぶように売れ、絵本も売れに売れて版がすり減って、もう一回作り直したという記録があるぐらいです。そうしたものは、嫁入りのときに持って行く。お産に桃太郎のような丈夫な子が授くようにと願って、女たちは昔話を自分の生活や人生儀礼の中に取り入れてまいりました。金太郎と桃太郎が兄弟として描かれているものもあります。強い金太郎・桃太郎のような男子が欲しいと思ったのです。

女性の場合は「鼠の嫁入り」の絵本が多かったようです。過去にはたくさん子どもを生むという子孫繁栄が何よりめでたいことでございましたので、そのようにして素朴ながら昔話と生命の発生の関わりを知ることが叶《かな》います。

五　出産にまつわる昔話と女性感覚

そうしたお産の場所にたくさんの人が寄るには、日頃から何かのネットワークがないと駄目ですよね。安産をするために知恵の交換が必要なので、お産には講《こう》がありました。今でいうカルチャーセンターでしょうか。小さな単位で、女性だけが知恵を出し合って、いろいろと情報を集めるのです。美味しいものを食べて一日ゆっくり過ごす、出産の講がありました。出産の講では昔話が語られました。次の伝承は和銅五年（七一二）にできた『古事記』と同じ内容ですけれども、コノハナサクヤヒメの神話を自分たちの物語にして、毎度毎度語っていたそうです。

遠野の町を昨日歩きまして、宇迦《うが》神社の所を入っていき、コノハナサクヤヒメの山の神様を拝んできました。この町にも出産講がどうもあったらしい。小牛田《こごた》のコノハナサクヤヒメを請けてきたんでしょうか、男が拝む山の神とともに祀《まつ》られていました。コノハナサクヤヒメの方には、まだ新しい鈴の緒がついていていました。それから紅絹でおっぱいを象《かたど》ったものも下がっていました。それらは、人々の願いを今日も神様がお聞きになってくださっている証左だなあと思って拝んでまいりました。

山の神講ではコノハナサクヤヒメを祀りますが、私の故郷の山形県真室川《まむろがわ》町新町で、昭和五〇年（一九七五）にもまだ行われておりました。その出産講のなかで語られた「神様むかし」でございます。


やっと蝦夷ば征伐をして、ニニギノミコトはたいした働きをして帰ったわげ。一晩の共寝だったどもなコノハナサグヤヒメさ子が出来でな、腹さ子が授ったな。ほんでもニニギノミコト「それは、俺の子では無いべ」どして、がんとして親だと言わね、ほんでもコノハナサグヤヒメは「いいや、たとえ一夜どいえども、お前が泊まった時に腹に入った子でありあんす。これは絶対《ぜって》この腹の子はミコトの子です」と、女《おなご》にはこれだげはわがるべ。ちゃんと身の証しばたでるどごでした。あまりミコトが自分の子では無いべえどひのずはる(言い張る)もんで「それではニニギノミコト様。粗末な小屋を建てでけろ。その中で自分の子を生みあんすさげで。その生みの苦しみの最中に火ばかげでけろ。もし、自分の言うことが誤りであったらば、生まれ児も自分もその火で焼がれで死んでしまうべし、本当にその生まれる子どもにニニギノミコトの血が流っているならば、火かげらっても死んでいぐよだごどは無いごですべえ」ど、小屋さ入ってだどこでしたどな。その小屋じゃ粗末な小屋でしたど。小さこい狭い小屋でしたど。

そんで、ほれ、コノハナサグヤヒメはおぼごなす（出産）さかがったなですや。その苦しみの最中にな、火ば小屋さパンパンどかげらせでな。その火の中でコノハナサグヤヒメは自分の身の証しば立で、それで火の中でおぼごなすば終わったな。三人も一度に産《な》したな。三つ児ですと。それば見でニニギノミコトも「これは確かに俺の子孫だ」ど、やっと気がゆれる（安心）ようでな、そこで大声で「立派な野郎こ童（男児）を三つもとはめでたい、一番上はホデリノミコト二番目はホスセリノミコト三番目のばっち（末子）はホヲリノミコトどいう名にするぞ」と叫ぶもんで、やっとそれで姫も安らがな心で「どっかど（安心）した。ほんにおぼこなすは女の大役だな。この子さ名もついだし」ど。やっとコノハナサグヤヒメ小屋がら出はたど。

コノハナサグヤヒメは小牛田の山の神様どして、今もって嫁達の護り神として祀られでいで、大昔から女の大役の神どなったですと。おぼこなすじゃ女の大役で、正月十一日から毎月の十一日山の神のお日待どんてするもんですや。

（話者　富樫イネ　明治三四年生）

出産が近くなり、講中の者が、「男がこれから生まれる子どもを自分の子どもだと言わず、どうしたらいいだろう」というときに、「何を言ってんの」とリーダー格の人が教えるのだそうです。

この話に、「女《おなご》にはこれだけはわがるべ。ちゃんと身の証《あか》しばたでるどごでした」とあって、生まれる子どもの人格をきちんと調えて生むということをしている。昔話の機能というのは、そういった生理の調整にも役立ったのです。

ニニギノミコトが「おれの子じゃない」と言ったんですから、何年たっても男性は同じ。制度が人々を律するという時代以前の話でございますから、そういう昔話のなかで、「これは貴方の子」という証しを立ててお産に臨む。これはすごい知恵だなと思っておりました。そういうことも、民俗社会には教えてくれる人がおりました。

そうして子どもが生まれるとおっぱいでございます。資料にはすいぶん見事なおっぱいを並べております。

秋田の凧絵《たこえ》の「金太郎と山姥《やまうば》」のおっぱいは、ご覧になった方もあるかもしれませんが、豊かに実り、大きいです。江戸時代の錦絵にもこのモチーフがありますけれど、これだけすごいものはございませんでした。田植えが終わったころに、この凧絵を揚げて予祝儀礼をします。豊かないい実りが来ますようにと、おっぱいの凧絵を揚げております。そして、「豊かなおっぱいに恵まれますように」と言って、山の神様に子育て用の乳房の祈願もしている。

また、中国の人の絵「轟炸《ホンチャー》」は蒋介石《しょうかいせき》の弟さんが描いたものですが、中国文学の飯倉照平先生に、先日、ぎりぎりでお借りしました。授乳をしている中国婦人の頭を爆破した絵で、頭がないお母さんのおっぱいを子どもが飲んでいます。これは文芸モチーフにもありますし、戦争のときによく語られる物語でございますが、ほんとうに前の絵と正反対ですね。世の中の不幸をこれだけ表現した絵は他にないでしょう。

それから、江戸時代の『画図百鬼夜行《えずひゃっきやぎょう》』の「産女《うぶめ》」は、お産で死んだ人のおっぱいでございます。お産で死んで祀《まつ》ろわぬ魂になって、あの世とこの世の間に出てくる。お産のときには、女性たちがたいへんかわいそうに思って語り継いでいました。

しかし、産女は男社会に行きますと、武勇伝になる。『今昔物語集』に、もうすでに出ております。男は、これを怖いものの最たるものとして認識しております。それを克服したから天下の力持ちになったという話型が、男性の昔話にはございます。柳田国男《やなぎたくにお》先生はやはり男性なんですよね。女の身体《からだ》性をたいそう怖がった。『遠野物語』は男性たちの怪談会での「怖い話」の延長だったと思いますけれど、男性は「怖い話」が大好き。

佐々木鏡石氏も河童《かっぱ》に見込まれた婦人の話をしております。河童の子を生んだら、なんか刻んで瓶《かめ》に入れて埋めちゃったという話があって。女子学生はたいへんショックを受ける。男性原理ですよね。河童の子を身ごもった女性の話について、女性はああいうふうには語らないし、書かないと思います。自分が胎内に入れた子どもは、蛇の子であろうが、何の子であろうが、大切です。三輪《みわ》山《やま》説話も緒方三郎《おがたさぶろう》の話もそうで、鱗《うろこ》がついていても始祖伝承として残していきます。

この産女の話のなかに、産女が「子どもを抱いてください」と言ってくると、「よし、よし」

「轟炸」

と受け取って、「馬鹿に重いなあ」と言って、自分の持っている小刀でじゃきじゃきじゃき刺して殺すというパターンがございます。そして、よく見ると、それが黄金になっていた、というのは冗談じゃないと思います。女性は同じモチーフを扱っても、どこかが違ってくる、それは生み育てる身体性として当たり前です。昔話における性差を考えさせられるところです。

正直爺さんと欲張り婆さんというのを、なぜ作ったのでしょうね(笑い)。昔話の女性というと、「舌切り雀」でもなんでもお婆さんが悪いのよね。もしかして男が作ったんだろうかと時々思うことがございます。どうして正直爺さんの配偶者が正直婆さんにならないいんでしょうね。そこに、男性感覚というものがあるように思います。

六　母と子どもをつなぐ語り

あちらこちら飛びますけれども、今度は宗教を越えてみたいとも思います。人種を越えて、国を越えましたから、宗教も越えてみようということでございます。

このアンブロージョ・ロレンツエッティの「授乳の聖母」は一四世紀の作品で、キリスト教の聖母像におっぱいがついた、初めての絵だそうでございます。昔はなかったそうですが、それをルネッサンス以降、「乳房で子どもを育てるのは人間にとって最高ですよ」という言説がヨーロッパに興りましたら、あわてて絵描きさんは、マリア様の聖母像におっぱいをつけた。

これが最初のおっぱいですが、固そうで、まずそうだと思います。なんか赤ちゃんがかわいそう。それもそのはず、処女懐胎でございますから、処女のおっぱいはキリスト教の中で、キリスト様が流した血を赤ちゃんが飲むという形に描かれていくのだそうです。乳房論という理論がアメリカやヨーロッパで進んでおりまして、マリリン・ヤーロムという方がここのところを論じております。たくさんの乳房の話や図像を集めて、乳房はだれのものという論を展開しております。だれのものでしょうね。

ティノ・ダ・カマイノの「慈愛」は一四世紀の作品で、さっきの山姥と同じでございます。豊かなおっぱいを着衣のスリット（割れ目）から飲ませている姿でございます。いろんな国のいろんなおっぱい、それは育てる性というところにございます。

そうしたことを考えるのに、源為憲《みなもとのためのり》撰『三宝絵詞《さんぼうえことば》』はたいへん参考になります。これはインドの『ジャータカ』にある話でございます。紀元前に『ジャータカ』はできまして、三世紀に文字化され、日本に渡ってきた昔話の原点のようなものです。「月の兎《うさぎ》」も「子引き裁判」も「猿の生肝《いきぎも》」も、みんな入っているんです。そこにこんな話がのっている。

　この時に母后《ははきさき》宮に留まりて高き楼の上に寝たり。三つの夢を見る。二つの乳房割《さ》けて血流れ出づ。一つの牙歯《きば》欠けて落ちぬ。三つの鳩

ティノ・ダ・カマイノ「慈愛」

あるを一つ鷹に奪ひ取られぬ。地の震《ふる》ふに夢驚きぬ。二つの乳うつつに流れたり。怪しび歎く問に、仕《つかまつ》り女走りて来て申《まを》す、「知《し》ろしめさぬか。人びと別れ散りて王子を求めたてまつるをば。いまだ見出でたてまつらざりけり。人の云ひつるを聞きつるなり」。后《きさき》驚き迷ひて王のもとに行きむかひて、「わが子をば失ひたまひつるか」と宣《のたま》ふ。王驚きて涙を落してもろもろの人を率《ひき》ゐて林に交りて求めたまふに、一人の大臣来て申す。「兄の二人の王子すでにいますなり。薩唾王子いまだ見えたまはざなり」と云ふ。王泣きて、「悲しきかな。はじめ子ある時には悦び楽しぶこと少し。後に子を失ひつる時には愁へ苦しぶこと多し」と宣ふ。また大臣来りて、「王子すでに身を捨てたまひけり」と申す。王も后《きさき》も心を迷はし涙を流して輿《こし》に乗りて行きて見るに、ともに地に倒れぬ。水をもちて面《おもて》に注《そそ》ぎて久しくありて音《こゑ》あり。「もしわが子に先立ちて死なましかば、かかるおほきなる悲しびを見ましや」と云ひて、震ひ泣く。胸を押《おさ》へ地にまろぶこと魚の陸《くが》にあるがごとし。その残りの骨を取りて率都婆《そとば》の中に置きき。むかしの薩唾王子は今の釈迦如来なり。最勝王経に見えたり。天竺のことに注《しる》せり。

（源為憲撰『三宝絵詞』）

お釈迦様が、昔、三人兄弟の末っ子に生まれたときに、どうやったら悟りを開くことができるか考えた。そして山の中に行ったらば、虎がいた。飢えて死にそうな虎が自分の子におっぱいをやっていた。そうだ、この虎に自分の体をあげ、悟りを開こうという話でございます。

そして、お母さんが夢を見た。おっぱいから血が出ている夢です。目が覚めたらほんとうに両方のおっぱいが割れて血が出ていた。子どもたちに何かあるにちがいないと思って、お母さんが出かけていったらば、お釈迦様のところで、しゃれこうべを虎がぺろぺろと舐《な》めていて、その土地が血まみれになった。それで、今も土が真っ赤ですよという地名の伝承になっているんです。

こういう物語で、悟りを開く年齢までお母さんと子どもはおっぱいでつながっているというのが私の関心事でございました。おっぱいは単に栄養をとるだけではない。お母さんには、そんな時まで、子どもとおっぱいでつながっている身体性があると伝えられているのです。

ヨーロッパのABC石盤「ブルツィオ子爵の称賛」は一四世紀の作品で、ABCDと書いてある文字を教えているお母さんがおっぱいを出している図です。字を覚えるくらいの子どもに、お母さんがおっぱいを出して与えている。教育のご褒美にお母さんのおっぱいが与えられていたんですね。言葉を覚えると、ご褒美に蜜《みつ》のようなおっぱいを与えていたというものでございます。

そんなふうにいろいろとありますが、柳田国男は、「お母さんが子どもにとって、一番目の国語の先生ですよ」と言っています。これを『源氏物語』では「物・かたり」と言ってますね。子どもが「ああ」とか「うー」とか言い出した喃語《なんご》が「物・かたり」と呼ばれたのです。お母さんが先生になって、子どもに言葉を教える。お母さんが必ず返事をし、反復していく。それに対して子どもが応じる。それを行動学の方では「クーイング」と言っております。

ところで、信じがたいことですが、お母さんからおっぱいといっしょに言葉を教えてもらえなかった人たちが日本に現れました。山形大学医学部の精神科の医師団が告発してきたのです。国際結婚をした所謂外国人花嫁の場合です。子どもが生まれると、「日本語で育てたいから、タガロク語とか韓国語とかを語るな」と言われたとか、おっぱいを飲ませるとき、「子守歌を歌うな」

と言われたことを発信してまいりました。驚きました。その新聞の告発を読みまして、すぐ山形に行き発信者の医師の一人に会いました。深刻でした。それで、現代の語り手の方々にお願いして、外国人花嫁たちの故国の言葉を解放しようというので、「アジア語りの会」を幾度も開いたり、七冊のアジアの昔話集を作りました。

そして、そういう世界の昔話を聞くのは何かということを考えました。その答えは、現代の語り手の方によくよく教わったことですけれども、昔話を聞くということは「世界観」を共有することでしたね。その昔話を語る行為の中で世界観というものを見出し、新しい価値観を共有していかなければいけない。語りは、お母さんの言葉でつづるいろいろな国の世界観を、みんなで共有していく装置であるということを学びました。それで、それがいかに大事かということは、この「女性と昔話」の中で抽出させていただいてきました。

もう一つ、現代の語り手の方に教わりましたことがあります。それは、戦後、昭和二二年（一九四七）、「日本国憲法」のもとで「基本的人権」がうたわれて、女性たちは男性と同じ人間になりましたが、その「基本的人権」を得た新しい女性を語りで表現していることの意味深さです。現在、語り手のみなさんは地縁や血縁を離れて、各地で語り活動をやっていらっしゃる。解き放されて本質的な自己を表現する自分の言葉を持っているのです。

しかも、自分の言葉というのは、差別されてきた伝承言語、方言ですね。方言の生活文化を社会化してくれている。いろいろな所で語り手のみなさんにお目にかかるのですけれども、これはさっき石井先生がおしゃった、近代の実りです。女性学では「シャドーワーク」と呼ばれていま す。子どもを育てたり、年寄りの面倒をみたり、お金を手にしない再生産の人は、国勢調査では

「何にもしなかった人」ですが（笑い）、その方たちが語り手として自分の言葉を持ち、子どもたちに教え、年寄りたちを慰める等、多様な表現世界を持っていらっしゃる。これは女性学が気がついていないだけで、非常に大きな女性の働きであり、人権の実りだと、私は申し上げて帰ろうと思っております。

遠野は、その拠り処として、これからも、近代の語り世界を開いていっていただきたいということになります。さっきの石井先生のお話の上に重ねるには、お粗末すぎるのですけれど、「女性と昔話」をご紹介いたしました。どうぞ、生命に向けて語りを展開していただきたいと思います。どうもありがとうございました。（拍手）

【参考文献】

・野村敬子編『明淑さんのむかしむかし』（かのう書房、一九九五年）
・野村敬子「昔話と女性」『岩波講座日本文学史　第一七巻』（岩波書店、一九九七年）
・松谷みよ子総監修・野村敬子企画責任編集『アジア心の民話』全六巻（星の環会、二〇〇一年）
・野村敬子「女性のフォークロア・女房という怪異」『野州國文學　第八〇号』（国学院大学　栃木短期大学、二〇〇七年）

語りのライブ

岩手県遠野市の語り

鈴木ワキ

一　父親から聞いた昔話を民話博から語る

皆さんこんにちは。今日は遠いところより遠野へお訪ねくださいまして、本当にありがとうございます。私はもう八六という、恐ろしく年を重ねた婆様でございます。時間の許すかぎりよろしくお願いいたします。

私は生まれて一年半ぐらいで母親が亡くなったそうです。それで私は父親が育てたそうですけど、眠たくなった私を寝せるのに一番苦労したんで、寝せるときには必ず昔話こを語って、付き添ってで寝せたそうです。

若い頃には忙しくて、昔話の気なんかなかったんですけど、六〇過ぎで、「老人クラブ」という名前っこもらってがら、子どもたちが集まる「子ども会」とかに、老人と子どもの触れ合いのときに、話こ語ると子どもたちが喜んで。五、六年生にもなると紙と鉛筆で書いたりする子どももいるから、「こんなに喜んでくれるならば、いぐらがでも語って聞かせだほうがいいがな」ど思って語りはじめだの。

それがらその後に、遠野に「世界民話博」ってあったね。その時に博物館の方がら、「ワキさんも出でてみないが」というお電話がありましたんで、「なぁに、私が行ったたって字一つ書けねし読めねし、試験でもあって落とされて終わりなんだ」ど思って出できしたどごろが、字も書かせないし、字も読ませないで、「五分ぐらいで語れる昔こ一つ語ってみろ」と言われたもんでね。本当に五分ぐらいの話こなんですけど、「長い名前」ということで語ったんですよ。

「もう駄目だ」ど思って帰ったんですけど、その後も、「ワキさん合格しましたがら、博物館の方で送り迎えはしますから、出てきてください」というお電話いただいて、その時なんか、まぁ喜んで喜んで、おもしろくて天にも上るような思いで、皆さんの世話になって今年で一六年ですか。

二　「山の神様」

まず「山の神様」を語ってみます。

むがーしあったずもな。昔のむがしの遠野ずどごは、どごへ行ってもどごへ行っても大きな山ばがり、その大ぎな山には、さまざまな立派な木がえらい大木どなって、雲を突くようにおがって（育って）らったんだずもな。そんなごどがら、村の人たちどが山稼ぎをして暮らしを立てだったずが、そして木を切ったり枝を取ったりしておくと、山を越えてきた山師、山こ、あきうど（商人）たちが立ち寄っては、それを売ったり買ったりして、舟を造るほうさ向けたり、家を建てるほうさ向けたりするもんで、村中の人たちがみんなで山仕事を稼いだんだずもな。

　そんな大きな山の麓に、お父《どう》どお母《があ》どいたったずが、お父《どう》のほうは山仕事が大好き、山さ行って稼ぐど立派な仕事っこするもんだがら、みんながらは山子殿《やまこどの》と呼ばれるようになったずもな。山子殿ど呼ばれるようになれば、山一番手の稼ぎと（稼ぎ人）でもあるもんだがら、暮らしには何の不自由もながったずども、わらすこ（子ども）の生まれねのが寂しくて、

「どうぞ山の神様、おらえ（私の家）さもなんとがわらすこを授けでけでげ」

　朝間起きれば、大きな山さ向かって毎日拝んだずもな。御利益があったのが、男わらすこが生まれだもんだ。喜んで大事にして、立派な兄こにおがったずが、お父《どう》が山さ行く背中を毎日見てるもんだがら、

「お父《どう》な、お父《どう》な、おれも山さ連れでってけでげや。そしてお父《どう》の稼ぐ仕事みんな教えてけでげや」

　というごどで、兄こは兄こでぺっこな（小さな）コダシこ（山仕事に背負っていく木の皮で編んだ袋）背負って、山さ行って稼いだずもな。初めでどはいえ、立派な仕事して稼ぐもんだがら、みんなに褒められで、

「ありゃー、あそこの兄こたいしたもんだ、親勝りの筍《たけのこ》どはあれのごど言うのがな」

　なんて褒められるもんだがら、夜になれば親子三人で炉端こ囲んで、その日その日の話こしながらまんま（ご飯）食ってらったずが、何か悪がったもんだが、お父《どう》が急に腹病みおこして、朝に死んでしまったずもな。

　残されたお母《があ》ど兄こは、

「おらぁ、これがらなんじょなことして暮らしてったらいがんべ」

　毎日泣いだったずが、兄こが男だ、

「こりゃ、お母《があ》な、お母《があ》な、おれも泣ぎてども、もう泣ぐのはやめました。お母《があ》も泣がねでけでげ。これがらおれがお父《どう》の代わりになって一生懸命稼いで、ちゃんと立派にお母《があ》のどごあずがう（面倒見る）がら、心配しねでけでげ」

　そうして兄こは、お父《どう》のコダシを背負って山さ行って稼いだずもな。こんな話が隣村の長者殿さ聞こえだったのが、

「やあ、おれ、兄こになぁ、お願いに来たが、何とがおれの話を聞いでけろや」

っつう話だったずもな。長者殿は、

「あそごに見える大きな山だが、あそごの木を切ってもらいてー。まだ板どいうのも取ってもらいたい。そうしておくどな、山越えできた山師たちどが売ったり買ったりするんだずがら、銭こばいっぺ払うがら、なんとがおれの山の木を切ってけねが」

ど言うごどだったずもな。銭こいっぺ払うど聞いだ兄こ、喜んで長者殿さ行って稼いだったず。

そんなごどしてるうづに、旧の一二月一二日の朝になったずが、お母《があ》が朝早ぐ起ぎできてがら、

「今日は山の神様の年取りどいう日なんだずが、なんだがおっかね雲足だな。こりゃ、山の神荒れ来るんでねがべが」

一人しゃべこどしてらやづ兄こが聞いでらったずが、兄こも跳ね出はってきでがら、

「じゃー、お母《があ》な、お母《があ》な、おれ、山の神様来ねうづに山さ行って、ぺっこ稼いで来っからなもす」

「いやー、行がねでけろ、行がねでけろ。山の神様どいう神様は、ありがだくて尊くて、御利益あって情け深い神様なんだずども、悪く怒らせだら、天と地とひっくりげるようなおっかねごどする神様なんだずがら、行がねでけろ」

って言ったずども、兄こは、

「まだ神さま来ねがら」

って山さ行ってしまったずもな。山さ行って大きな木さバッツンバッツンと切りづげだどごろが、さーっと雨は降ってくる、雪は降ってくる、風は吹いでくる、一寸先も見えねくれ荒れできたずもな。兄こも、

「こりゃ山の神様のお怒りが」

ど思って、山を下りて来てがら、

「お母《があ》な、お母《があ》な早ぐおりできましたじゃ」

いつものお母《があ》だったら、「いやいやいや」って出迎えするお母《があ》が、なんぼ叫んでも出はってこねがったずもな。中さ入ってみでば、炉端こさ倒れで真っ青になってらったずぁ、それ見だ兄こは、

「お母《があ》な、お母《があ》な、あのっくれ、『山さ行くな』って言われだのに、山の神様が怒って、おれぁ銭こ欲しばりに山さ行ったために、山の神様が怒って、お母《があ》どご連れでってしまった。なんとが許してけでげ。おれが悪がった、許してけでげ。これがらはお母《があ》のどごをおれの側さよごしてけでげ」

泣いで泣いですがったずども、お母《があ》は眼《まなこ》も開がねば、声も出さねで、真っ青になってしまったずもな。兄こも山さ行ぐごども忘れで、まんま（ご飯）食うことも忘れで、

「お母《があ》な、お母《があ》なー」

って泣いでらったずぁ。

そごさ長者殿が来てがら、

「兄こ、兄こ、お母《があ》はな、これがらは神様の側で静がに暮らすんだがら、お前はおれさあべ（行こう）な。おれさ行ったならばな、あっつ（熱い）まんまも煮で食わせるし、ガガ（妻）っこも取ってやるがら、おれさあべや」

というごどで、兄こは長者殿の家さ行ったずもな。そして朝間早ぐがら夜遅ぐまで、立派な仕事っこ稼ぐもんだがら、みんながらは山子殿、誰も兄こなんては言わね、山子殿と呼ばれるようになり、ガガこ貰ったれば、わらすこもすぐど生まれで、喜んで喜ばれて毎日山さ行って稼んだずもな。大きなまさかりでガッツンガッツンと木切る音を、沢を通して里に響かせる。板を取る時には大きな鋸《のこぎり》を手さ持って、どっこいしょと腰を据えて、木挽《こび》き歌《うた》という歌っこを唄いながら、板というものも取ったずもな。

♪はぁ〜〜、木挽き〜家業は〜はぁ〜のんきなものよ〜
はぁ〜、今朝の朝飯はぇ、なんだこりゃよ、米の飯よ〜
はぁゴスリンゴスリンど
鋸に楔《くさび》は夫婦連れ
鉈《なた》に鉞《まさかり》兄弟で
今日も早からゴスリンゴスリン

歌っこ歌って立派な板というもの取ったずもな。村の若者どもが、

「これが山子殿が歌う木挽き歌が」

みんなで歌こ歌うようになり、ガガこもらえばすぐにわらすこも生まれ、村中がとっても明るぐなったずもな。これもみんな山の神様のお陰だ。山の神様は子授けの神様、または安産の神様。山を守り、山で稼ぐ人たちを守り、春三月には里に降りて、天に向かって秋の豊作を祈りしてくれる神様。一二月一二日は山の神様の年取り、二月一二日は初山の神様、この日ばかりはなんぼ忙しい山仕事があっても、誰も山さ行がねで、朝間から米のまんまに酒っこ、餅のお供えっこ供えで、木挽き歌っこ歌いながら山の神祝い、今でも山の神を信仰してるんだど。どんどはれ

ありがとうございます。私、緊張してますんですよ。ごめんなさいね。

三　「種売り」

今度は「種売り」ということで語ってみたいと思います。

むかーすあったずもな。山の中だったずども、お母《がぁ》ど娘っこどいだったずもな。なんぼ稼いでも稼いでも、腹いっぺも食えねよな貧乏暮らしなもんだがら、娘っこのほうだってボロッボロの着物っこ着て、年頃だどいうのに鼻くそに目くそに真っ黒な面こしてる娘っこだったずもな。それでも見た人たちが、

「あそごの娘っこたいしたもんだな。見れば見るほど、どごがに美しいどごのある立派な娘っこだ」

みんなしてへった（言った）ずもな。それがお城にいる殿様さも聞こえだずもな。殿様が、

「そんな山中にそのくれ立派な娘っこいるのが。だら

ば一度は会って見でもんだがら、お城さ連れてくるように」

どいう触れを出したずもな。それを見でがらどいうものは、娘っこのほうでは、

「おら、なんぼボロボロの着物こ着てもいいがら、お母《があ》どは離れたぐね」

お母《があ》のほうでは、

「腹半分食《か》せれねごどもあるども、娘っごとは別れ別れになりたぐね」

どいうごどで、毎日泣いで悲しい日を暮らしてらったずども、なんぼ泣いだがらったって殿様さ勝つごどでぎね。とうとうお城さ行がねまね日来たったずもな。

「なんぼ貧乏だってよ、お城さ行ぐずごどだもの」

どいうごどで、着物を取り替えてみたり、髪こをとかしてみたり、面こを洗ったりしたどごろが、見違えるような立派な娘っこになって、みんなに見送られて惜しまれて、お城さ連れて行かれだったずもな。

殿様の前さ出されだったずが、殿様も一目《ひとめ》惚《ぼ》れ。

「やーあ、こりゃ立派な娘こだな。まるで花のようでねが。こういう立派な娘こは帰すごどができねがら、これからは殿の側にいてもらねまね」

どいうごどで、娘こはお母《があ》のどごさは二度ど戻ってこれね体どなってしまったずもな。殿様も一目惚れしたくれだがら、毎日毎日をやさしくして大事にする。娘このほうもこれやあれやど気遣って、立派なお勤めをしてらったずが、ある時にまちがってしまって、屁《へ》たれてしまったずもな。殿様ごしぇだ（腹を立てた）ずもな。

「なんだこりゃ、なんぼ立派な花のようだってしぇったて、どごにして殿の前で屁たれるずごどながんべ。こんな屁たれる者は、一時としてお城さ置くごどはできねがら、今ずぐ出はってげ」

どいうごどで、お城追い出されでしまったずもな。

その時には、娘っこの腹の中には殿の子を身ごもってらったずども、何も語らなねで、ぺっこばり（少しばかり）の荷物こまどめて、お母《があ》のどごさ戻ってきて、月日が経ってるうちに男わらすこ（男の子）生まれだずもな。さあ喜んで喜んで大事にして、三つ四つにもなったったず。そうしたれば一人で外さも出はって歩ぐ、隣がら隣さも歩って遊びさ歩ぐ。家さ戻って来れば、

「お母《があ》な、お母《があ》な、外のわらすごどにお父《どう》ずものいで、手っこ取って歩いたり、肩っこさ乗せられだりして遊んでるが、おれのお父《どう》どごにいます」

って聞ぐようになったずもな。お母《があ》のほうでは、

「お父《どう》な、今に真っ白な米っこ買ってくっからよ、味噌こもいっぺ買ってくっからよ」

て言ってらったずども、わらすこのほうでも九つにも一〇《とお》にもなれば、遊びさ歩ぐにも山越え、川越えずーっと遠ぐまで行ぐ。家さ戻ってくれば、

「お母《があ》な、お母《があ》な、おればりお父《どう》いねはずねんだが、おれのお父《どう》のいだどご教えでけでげ、教えでけでげ、

教えでけでげ」

ってこんだ毎日せびるようになったずもな。なんともななぐなったお母《があ》が、娘この頃がらお城さ行ったごど、屁たれだごど、みんな話して聞かせだれば、

「おれ、行って、お父《どう》に会ってくるがらなもす」

「いやいや、行がねでけろやな。なんぼわらすこ行ったてな、お城の中さ入れるもんでもね。お父《どう》がお城がら出はって来て、会ってけるもんでもねがら、行がねでけろ、行がねでけろ」

って言《へ》ったずども、わらすこのほうでは、

「お父《どう》のいだどごわがったからには、誰がなんと言おうと行って、お父《どう》に必ず会って、ここさお父《どう》を連れでくるがら、心配しねで待ってでげ」

って出はってしまったずもな。

それがらはわらすこはお母《があ》の話こ思い浮かべながら、野山川越えで歩ってらったずが、大ぎな大ぎな山さ出はってしまったずもな。お父《どう》のどごさ行ぐには、この大きな山を越えねば絶対には行げねどいう、境の山でもあったたんだず。そごさ行ったたわらすこ、

「ここまでは来たが、この大きな山をおれがどごから何じゅにして越えでったらいいんだべ」

足は痛ぐなる、体はこわぐなる（疲れる）、そこさべったどねまって（座って）、

「おいおいおいおいおい」

ど泣いだずもな。そうしたれば、お母《があ》が家にいでで、山の方見れば、いっつも歌ってる歌こが聞こえてきたったずもな。

♪あの山高くてお城が見えぬ
お城恋しい山憎い
あの山高くてお城が見えぬ
お母《があ》が歌ってる歌っこだったずもな。

「お母《があ》は今日も歌っこ歌ってる、お父《どう》どご呼んでる。おれはここまで来たのに、こうしてはいられね」

ど思ったわらすこも立ち上がって、

「お父《どう》な、お父《どう》な」

ってうんと叫んだずもな。その声がこっちの山そっちの山さ行って、響いではね返ってくるその声がみんな、

「お父《どう》な、お父《どう》なー」

ど聞こえだずもな。山も呼んでる、お母《があ》も呼んでる。

「おれはここまできたのに、こうしてはいられね」

ど思ったわらすこも立ち上がって、

「お父《どう》なー、お父《どう》なー」

って叫んだずもな。

「何がなんでもこの山越えねまね」

ど思ったわらすこは、無我夢中になって走しぇ上がって、走しぇ上がってようやくして天辺さ着いたところで下を見たところが、遥か下のほうがら、木立の陰からお城の屋根が見えだったずもな。

「ああ、あのお城の屋根下には、おれのお父《どう》がいるんだ」

喜んだわらすこは、

「さあ早く行かねば」

ど思って、ただただ山を跳ね下りで、お城の近くまで来たったずが、このお城の中に居るお父《どう》を何と言って呼んだらいいが、まだ困ってしまって、ずーっと考えてらったず。

「ようし、分かった、分かった。おれぁ、ぺっこな時に、お母《があ》に手を取られて、『種売り、種売り』って歩いだことがある。種売りで呼んでみよう」

と思ったわらすこが、金の一字を加えで、

「金の茄子《なす》の種はいらながんすか、金の茄子の種はいらながんすか」

大きな声で叫んで、ぐるぐるぐるぐるお城を回ったずもな。ようやくして聞こえだったんだが、殿様が出はってきたったずが、

「これ、わらすこ、わらすこ、その種蒔《ま》いだら本当に金の茄子がなるのが」

「はい、なります。だどもこの種には訳あって、屁のたれねおなごが蒔かねば、金の茄子はなんねなす」

ってへったずもな。

「これ、わらすこや、この世の中に屁のたれねおなごっているもんだが」

「ほだら殿様、おれのお母《があ》が屁たれだって、何してお城をぼん出した（追い出した）ます」

しぇったずが、殿様さ行って、はーっとしがみづいでがら、

「おいおいおいおいおい」

泣いだずもな。今までに我慢に我慢してきた涙が一気に溢《あふ》れ出だのが、足がらは真っ赤な血が流れ出る、ぼろぼろの真っ黒な着物着て、真っ黒な面こは大粒の涙が流れ出はってる。それ見だ殿様もすぐわかってけで、

「これ、わらすこや、おれが悪がった許してけろよな。『屁をたれだ』ってぼん出した娘っこもいだはずだ。これがらは親子三人で仲良く暮らすべす。許してけろよな」

そう言って、お城さ親子呼んで、それからは仲良くいつまでも幸せに暮らしたど。どんどはれ。（拍手）

語りのライブ

岩手県遠野市の語り

佐々木イセ

一　爺から聞いた昔話を伝承園で語る

ようこそ遠野さおでんした。

私は子どものころ、吉幾三《よしいくぞう》さんでねえども、テレビもラジオもね時代で、そんで楽しみでば、橇《そり》っこ乗《の》りどが、昔話聞ぐごどだげ。本家の家の大きな囲炉裏《いろり》で祖父がよぐ昔っこ語って聞かせました。

一つ語って、爺、「どんどはれ」って言うど、「爺の顎《あご》掻《か》げ」って、真っ白い堅い髭《ひげ》の顎出すんです。今、私、八〇近い婆で、こんな百姓のごつごつしたおっかねような手だども、子どもの頃はつきたてのお餅のようなふわふわして、掻ぐずど、その髭、手っこさ触って痛いんですよ。

だけども、爺の昔っこ聞きてがら、一つ爺語って「どんどはれ」。「今度はおめ掻いで、（お前が掻いてくれ）どんどはれ」。また一つ聞いで「どんどはれ」。「今度おめ掻げ」、交代に爺の顎髭を掻ぎながら聞きました。

その頃は、いい家だったので、楢《なら》の木燃やしたんです。火力が強いの。その火のかがり（灯火）が爺の白い髭に映えだのを、今でも思い出すんですけども、そうして聞いて育ちました。

私は六〇代から土淵の伝承園で語っています。私の姉（阿部ヨンコ）は、私が今語っている伝承園で語ってまして、その姉が歳取って耳が聞こえなぐなって、お客様の応対ができなくなって、それで私が代わりに今まで語っています。

二　「笛吹峠」

じゃ、私は「笛吹峠《ふえふきとうげ》」という話こ語ります。

昔あったずもな。遠野がら峠越えで、海岸の方に釜石《かまいし》どいうどごあって、そのさらに奥に、橋野ずどごあんの。そごにわらすんど（子どもたちが）ぐじゃぐじゃどいで（たくさんいて）貧乏な家あったんだど。そごの家の姉娘、ある時、トド様（父親）どガガ様（母親）の前さ膝《ひざ》っこついでがら、

「トドな、ガガな、おらを遠野さ奉公に出してけろ」

頼んだずもな。トドどガガ、

「いやいや、一膳のまんま（ご飯）、みんなして分げで食うごどあっても、お前《め》にばり罪つぐらしぇらえねがらわがね（駄目だ）」

しぇったどごろぁ、その娘、

「なんてもねがらやってけろ。なんぼでも銭っこ取ってきて、トド様どガガ様の肩のゆるみに（緩めに＝楽に）なりてがらやってけろ」

あんまり言うもんだがら、世話する人あって、峠を越えで遠野さ来て、ある大ぎな店さ奉公したんだど。

したどごろぁ、その娘、人見でようが見でまいが、手さば皹《ひび》切らし、足さば皸《あかぎり》切らし、陰日向なぐ稼ぐんだど。そして歳取り来たどごろぁ、旦那殿《だんなどの》どガガ様、奉公人どみんな集めでがら、みんなさ銭こ渡して、

「お前《め》たち、一年よぐ辛抱してけだな。この銭持って家さ帰ったらば、親たち兄弟たちみんな揃《そろ》って歳取りして、七日正月ゆっくり休んだら、まだ元気で帰ってこよ」

帰したんだど。終いにその娘呼んでがら、

「お前《め》、人よりよげい稼んでけだもなー。おら見ねふりしたって、ちゃんと見でんだじょ」

ほまづの銭っこ（内緒のお金）もらって、旦那様の家出はっとき、日とっぷりと暮れかがっていだったんだど。さあ、一二月なもんだがら雪降る、雪降れば今度吹きらんぷ（地吹雪）する。そこおめとって（苦労して）上がって行ってがら、坂の中頃さ行って、はっと考えだずもな。

「下がら三番目の弟わらす、笛っこ吹ぐの好きで、銭っこねがら、山さ行って笹の葉だの竹取ってきて、笛にしてるわらすだったが、あの弟さ本物の笛買って行ったら、なんぼ（どんなに）喜ぶべな」

町さ戻り帰って、ほまづっこの中がら笛一本買って、背中さ背負って峠さかがったときは、日とっぷりと暮れでいだったんだど。歳取り来たもんだがら、さあ雪降るし、眼《まなぐ》も開がれねような吹きらんぷの中、おめとってって上がってってがら、いまぺっこで（もう少しで）峠越えるずとき、街道端《けどばた》に獣っこ掘ったんだが、大きな穴あったずもな。その穴さ笹の葉さ積もった雪に足取られで、のんのりど入ってすまった。起きあがるべとすればずるり、起きあがるべとすればずるり。

そうしてるうづに、吹きらんぷする。雪はもつかつど（どんどんと）降ってくるす、いっときま（少しの時間）のうづに、その娘、雪に埋もれでしまったんだど。

「ありゃ、おれ、こうしてられね。家で親たちだの兄弟たち、おらの来るの待ってらごった。誰が助けでけんねがな。助けでけろー。助けでけろー」

声はがりに（声を限りに）叫んだずども、誰もそご通る人ね。聞けでくるのは、びゅー、びゅーず吹きらんぷの音ばりだったんだど。そうして叫んでるうづに、「おれ、背中さ笛背負ってらったこの笛吹けば、誰が気ついで来てけっかもしぇね」

背中がら笛とり出して、力の限り吹いだずな。なんぼ吹いでも、誰も来ね。そうしてるうづに、凍《し》ばれは

きづくなる、腹減る。とうとうその娘、笛っこぎっつど握ったまま気失ってしまったんだど。

　さで橋野の家ではトドどガガどして、

「今日、姉来る日だがら、何なくても家の中ばりもぬくだめで（暖めて）おぐべな」

　峠一つ越えだだげで、向ごうの方は雪が降らないんです。山さみんなで行ってがら焚き物いっぺ集めできて、火もど（囲炉裏《いろり》）さのがのがえど燃して、家の中ぬぐだめで、ガガ様は大ぎな鍋さ小豆団子いっぺこしぇで、旦那殿は風呂たでで、そうして兄弟たちみんなで、あっちの戸の口、こっちの戸の口、

「まだ姉見えねが」

　待ったんだど。なんぼ待っても来んね。

　そうしてるうづに、夜中になってしまったずもな。トドどガガどして、

「こりゃ、ただごどでねじょ、迎えに行ぐべすな」

　こんなな鉦《かね》っこさ紐付けで、獣よげにガンガラガンガラ叩《たた》きながら峠越えで、遠野さ向かって間もなぐ、街道端になんだがこんもり雪の盛りあったずもな。

「ガガこごおがしいな、掘ってみんべな」

　掘ってみだどごろぁ、雪の中に、娘、笛っこぎっちど握ったまま眼《まなぐ》しぐって（閉じて）いだったんだど。

「こりゃ、こりゃ、このわらす、親たちだじぇ、すっかりしぇ」

　さぁ、叩いたりほろったり（揺すったり）、なんたな（どんな）ことしても、かすかなぬくみのごとあったんだずが、二度と眼開がながったんだど。親たち、

「おら、貧乏なばりに、このわらす、こんな哀れな姿にしてしまった」

　泣ぎ泣ぎ掘り出して、おぶって橋野の家さ帰っていったんだど。それがらずものぁ、そご人通るどいうど、どごでが吹ぐんだが、笛っこの音聞こえでくるようになったんだど。春に蕨《わらび》だの蕗《ふき》採りさ行った人も聞いだ、秋に栗《くり》だの茸《きのこ》採りに行った人も聞いだ、そごを通る駄賃付け（馬を使った運送人）ども聞いだってそれがらずものは、誰言うどなぐ、その峠のごどを「笛吹峠」って言うようになったんだど。どんどはれ。

三　「カッパの詫び状」

　ほんじゃ、今度は「カッパ」の話こ。うちの地域の恩徳《おんどく》というずっと山奥に、前は一三軒ほど戸数があったんですけど、今はみんな町に下がって、四軒くらいしかいません。そこのおじいさんが、伝承園に炭焼き小屋ができたときに、その炭焼きに来たんです。そしてがら、「じゃ、カッパ淵にずいぶん人行ぐな、あそごの話こばりでね、恩徳にもカッパの話あんだじょ」、この話を教えてくれました。今がら一〇何年前です。恩徳のカッパの話で、「カッパの詫《わ》び状《じょう》」と勝手に名前をつけました。

　昔、あったずもな。恩徳に美しな娘いで、この娘、

水の流れるの見るの好きで、暇あっつど、川の側さいで、木の下さねまって（座って）がら、サラサラサラサラ流れる水眺めでいる娘だったんだずが、ある時、いなぐなってしまった。さあ家の人たちあんつこと（心配事）して心配してだずな。恩徳中の人たちみんな出はって、たねだ（捜した）んだどもどごにもいながったんだど。それがらしばらぐ経って、どっからがひょっこら出はってきたったずもな。みんなして捜
「なんたらお前《め》、どござ行ってらった。したが」

　したどごろぁ、その娘黙っていだったずが、段々月日経ってきたどごろぁ、腹大きぐなってきた。家の人たちそれ見でがら、

「なんたらお前《め》、ただの体でねえようだが、一緒になるごどのできる人だったらば添わせでけるがら、どごの誰だがしゃべろ」

　言ったどごろぁ、その娘、

「どごの誰だがわがんね。見だごどのね立派なえな様（若旦那《わかだんな》）来て連れでがれで、どごだが訳のわがねどごさいできたがら、ぜんぜん訳わがね。誰だがも訳わがね」

「そりゃー、困ったなー」

　そうしているうづに、人でば十月十日《とつきとおか》経てばわらす（子ども）生まれんだずが、七月《ななつき》も経だねうづに、わらす生まれだんだど。したばそのわらす、なんともいわれね、おがしね（変な）わらすだったずもな。家の人たちそれ見でがら、

「このわらす、こりゃ人の子のようでもあれば、人の子のようでもねが、おがしたらいがべが（育てたらいいだろうか）、間引ぎ子にしたらいがべが」

　そうしていだどごろさ、ちょうど六部殿《ろくぶどの》通りかがったど。

「じゃ六部殿、いいどごさ来た。見ろこりゃ、おら家《え》（私の家）さこんななわらす生まれだが、このわらす人の子のようでもあれば、そうでもねようだし、おがしたらいがべが、間引き子にしたらいがべが、今騒いでらが、見でけでがんしぇ」

　言ったどごろぁ、その六部殿、ずーっとそのわらす見でらったずが、

「いかにもこれは人の子ではね。ほだども二つの声聞がねに死んでしまうがら、黙っておがしとげ」

　言ったんだど。おがしていだどごろぁ、いがにも二つの声聞がねに死んでしまった。さあ、人の子でもねがら普通の墓さも入れられね。裏の藪《やぶ》掘って、ほっ込んでおいだんだど。

　したどごろぁ、その晩げがらガサガサ、ガサガサ何が歩ぐんだど。

「なんたらまんつ、何が来てらんだべが、先晩げも音したっけす、夕べもしたっけが、山から獣下りて来て、ほっ込んだわらす食うどごだべが、今夜行ってみんべす」

　行ってみだどごろ、カッパいだったんだど。

「何だこのカッパ、何してら」

って言ったどごろぁ、

「おら、人の子どいうもの欲しくてなさせだども、死んでしまった。我が子であればむじょやだがら（かわいそうだから）、ここさ来てまぶってら（見守っていた）」

言ったんだど。

「とんでもねごど言う、そなごどして。殺してしまうがら」

騒えだどごろぁ、そのカッパ、

「命助けでもらったらば、二度とこういうこともしねし、二度どここさも現れねがら、なんとが助けでけろ」

頼んだんだど。

「いや、わがね（駄目だ）。口ばりでわがねがら、何か証拠になるもの出せ」

言うたどごろぁ、そのカッパ、

「ほだら詫び状を書いで渡すがら」

そして詫び状書いて渡してがら、二度と現れなぐなったんだど。

おじいさんがら聞いだときの話は「五〇年前」って言ったけど、あれから一〇年もたったがら、六〇年前になりますけども。その頃、恩徳にカッパの詫び状のある家がちゃんとあったんだって。その後火事になって今なくなったんだって。それ聞いで私考えたんです。私も六〇年か七〇年八〇年先さ生まれてきてがら、なんたもの書いであるんだが、そのカッパの詫び状見たがったなど思ったんですよ。「カッパの詫び状」の話こ。

どんどはれ

四「不思議な掛け図」

まだ大丈夫なようですので、短い話こ、「不思議な掛け図」という話こします。

昔あったずもな。あるどごに、旅の六部殿《ろくぶどの》旅して歩ってらった。不思議なことで、昔話に必ず六部殿どが、山伏殿《やまぶしどの》出でくるのす。その六部殿旅して歩ってらどごろぁ、暗くなってしまった。

「どっちゃが泊まっとごねがな」

行ったどごろぁ、大ぎな家あったんだど。そごの家さ行ってがら、

「なんとが一晩泊めでけろ」

言ったどごろぁ、

「いいがらいいがら、おら家に部屋もなんぼもあるし、なんたなごどでもしてけっから泊まれ」

そして中さ入れられで、立派な座敷さ通されで、高足膳のご馳走並べられて、絹の布団敷かれて、

「このご馳走食べだら、ここ寝でがんしぇ」

言われだんだど。その六部殿ぁ、

「おれな旅の途中であれば、お礼にするもの何もね。銭こもね。だから、お礼に掛け図を書いて渡します」

そして、笈《おい》がらまっさらの掛け図を出して、それさ

筆を出して、

「爺が死んで婆が死んで、爺が死んで婆が死んで」

　びっしりど書いで渡したんだど。そしたどごろぁ、その家の旦那殿《だんなどの》ぁ、

「こんな縁起の悪いものいらねがら、けづがれ（消え失せろ）」

　たんだぼん出されで（追い出されて）しまった。

　さぁ、行ぐあでもね、どごさ泊めでもらったらいべな。行ったどごろぁ、遥が向こうに、ぽつっと明かしこ（灯火）見えだったんだど。行ったどごろぁ、軒のはしりがかった（崩れかかった）破《ぶっか》れ家《や》、そごさ行ってがら、

「一晩泊めでけろ」

って言ったどごろぁ、

「他の家でば、座敷、奥座敷、茶の間、中の間、部屋数もいっぺあるんだども、おら家《え》では、見る通りたった二部屋だ。畳もねがら、ゲンバ（筵《むしろ》）敷いでら、ここでもいいば泊めるがら」

　言ったんだど。

「それで十分でがんす」

　そして泊まるごどになって、その家で大きな鍋に粟粥《あわがゆ》いっぺこしぇで、腹いっぺご馳走になったずもな。

「ろくな布団もねがら、ここにある爺の布団さ寝でけろ」

　そしてそごさ休ませでもらって、朝間になったどごろぁ、その六部殿ぁ、

「いやー、夕べ本当にありがどがんした。何もお礼するものねがら、掛け図に字を書いであげます」

　そしてまだ笈の中からまっさらな掛け図出して、

「爺が死んで婆が死んで、爺が死んで、婆が死んで」

　びっちり書いで渡したんだど。そしたら、そこの家の人たちは、

「こんなありがてもの初めで見だ。これは孫末代までも家の宝物にします」

　ありがたぐもらったんだど。

　さて、「こんなものいらねがら、けづがれ」ってぼん出した長者様の家で、息子、馬に蹴飛ばされて死んだり、嫁御、お産で死んだり、孫、川さ入って死んだり、さあ大勢の奉公人ども一人去り二人去り、とうとう誰もいなぐなって、たった二人になって、惨《みじ》めな死に方したんだずが、「ありがてー」ってもらった貧乏な家で、爺が百歳までも長生きして見事に大往生、次の婆もその通り、跡取り息子もその通り、そのガガ（妻）もその通り、孫もその通り、何事もなく、逆様事もなく、順調に行ったもんだがら、とうとうそこら一番の長者様になったんだど。どんどはれ。（拍手）

語りのライブ

福島県大沼郡三島町の語り

五十嵐七重

一　昔話を聞いて育って保母さんに

どうもこんにちは。

今、遠野の方の話を聞いてたら、言葉までこっつのほうになったずもな。そんでもだめだ、おれ会津だもん。おれは会津の山ん中。地図見て、猪苗代湖よりちっと西っ手のほうさ目移してもらうど、沼沢湖ってあんの。その沼沢湖のほとりで、終戦の開けて、二月に生まれやした。

「にしゃ（お前）は生まっちゃら、すぐに百円になった子だ」って、かあちゃんが言ったんです。「なあに、『七人みなおなごだ、おなごだ。おなご腹だ』って、言われちゃどもな。そんじも、にしゃ、生まっちぇ助かったぞ。すぐ役場さ届げだら、一人前に百円になった。あどみんなお金が変わっときだったがらな、『みんないらねぐなっから』って、出させらっちゃんだ。にしゃの百円確かに使ったぞー。だがらにしゃはなー、すぐに嫁さ行ぐんだべー」って言わっちぇ育てらっちゃの。

そしたらほんに、おれ二一歳で行っちまったのよ。一八歳まで父ちゃんと母ちゃんで、婆やど爺やいながったのよ。正部家《しょうぶけ》ミヤさんたちと同じ、爺やと婆やの味知らないの。そんで父ちゃんと母ちゃんと姉ちゃんたちど、みんなで昔話聞いだり、笑ったり、歌ったり、踊ったりしてだの。山の中だがらテレビな映んねだも、ほだがら昔話で楽しんでだんだ。

そしておれ保母さんになっちゃくて、福島県立の保育専門学院ってどごに入ったんだけっちょも、その時に父ちゃん死んだのよ。「にしゃはいでけろ。トラック買ってけっから、それ運転して会津の桐切ったがな運べ」って、みんな姉ちゃんたち出ちまったがら、跡取りしろっつわけよ。「やんだおら、福祉の道進みます」なんて言ったんですげんちょも、まあ、父ちゃん死んじまってな。

父ちゃん死んで、葬式終わって学校さ行ったらば、話を覚えて語るっつ、素語りの試験がありました。だげんじょ、そんなことはできなかったがら、「父ちゃん、母ちゃんなじょすんべなー」って思ったけが、「ああ、あれやんべ」ど思って、「蛇と蛙と蜂の伊勢参り」の話したらば、言語学の先生が、「おめぇ、そんな話知ってんのが。ほじゃらばそういうの教材になさい」って言ってもらえだの。

　ほだがら、二〇歳《はたち》の時がら子どもたちに聞かせてました。それが私の語りの始まりです。思い出せば思い出すほど、どんどん出でくんだもんなー。「子めらの時、聞いたっつのはありがでぇ」と思ったや。さてそんじは、おらほの奥会津にある「小桜むかし」っつのを語ります。

二「小桜むかし」

　さで昔あったど。あるどごろにほーれ、立派な長者様あって、そごにめんこい（かわいらしい）小桜っつ娘いだんだど。金持ち様の娘だがら、ちょっとばし鼻高ぐしてな、天井向いでんだげんじょも、そんじぇも、みんなながらめごがらっちぇだんだ（かわいがられていたんだ）ど。そごの家には、奉公人大勢いやったけんじょも、中でも若い男衆三人、長者様力にしてだど。ぐいぐいぐいぐいど陰日向なぐ稼ぐやづで、三助、ゴン助、ゴミ造っつてたんだ。今日は三人で茅刈《かやか》りだど。

　長者様は後追っかげで行って、

「あれらどだ（どんな）こと喋《しゃべ》りながら稼ぇでるもんだが」

ど思って行ったんだじゅわ。ほしたら山さ行ぐど、ごいごい茅刈ってな、おっ立ておっ立て、

「あー、一服すっぺぞー」

つど三人集まって喋ってんだど、

「にしゃたちもこうやって、親方っつぁま、なんぼいいがらったってな、いつまでもこごさ世話になっていられねぞ。にしゃ身の振り方なんじょに考えてる」

なんて、一番ずねー（大きい）三助あんちゃん言ったんだど。

「三助あんちゃんごそなんじょ考えでんだよー」

つた。

「おらはよー、足掛け一七年もこごさ世話になってる。はあそろそろいいあんべにハ、家さ戻って、家でも建てでよ、嫁もらってお父《ど》っつぁどお母《かぁ》のどごを安堵させっちぇど思ってんだ」

「んだなー」

「とごろでゴン助、にしゃはなじょだ」

ったら、

「おらなー、帰るどって家ねの。家にはあんちゃん跡取ってやっからな、おら何時までもこごで世話になっちぇだー」

ゆったど。

「そんじぇもー、親方様のように長火鉢の側にいで、『にしゃ、今日あっちさ行ってこ。にしゃあっつさ行っ

てこ』なんて指図してみっちぇなー」

なんて言ったんだどー。

「馬鹿だな、にしゃー」

なんてしゃべってだど。

　長者様陰のほうでうっふ、心良くて笑ってだど。

「さで、じゃゴミ造、にしゃ何て思ってんだ」

ったら、

「うーん、おれはずねー声で言わんにぇどもよ、あのー小桜のごど大好ぎ。そんじぇー小桜ど一づになって、この家守っちぇなんて思ってんだ」

なんて。

「馬鹿そんなごど言うもんでねぞー。そんなごど言ったら、途方もねえぞ（とんでもないぞ）」

「そんなごど言ったって」

なんて喋ってらったの、長者様陰で聞いでで、快くて快くて、ある晩げ、

「三助、ゴン助、ゴミ造来てみろー、にしゃたちに話あんぞー」

ど言ったど。ハー、三人こ集まって、

「長者様なんだよー」

「ああ、寄れ寄れ、ゆっくり休め」

なんつーてな。

「にしゃたちの茅刈りのとき、にしゃたちの喋ってだのみんな聞いだぞー。三助ほんに長いごどご苦労であった。にしゃはほんにいい男だがらど思って、何時までも使ってはいらんにぇわやれなー。ん、これにしゃの稼ぎ分だ」

なんつってな、神様の棚がらざぐざぐっつーほど入った銭の袋持ってきて、

「これがにしゃが今まで稼いだ分だぞー。家さ行って家も建てで、お父《ど》っつぁどお母《か》ぁど幸せに暮らすなぞー」

どって言いやったそうだ。

「ああ、ありがで、ありがで」

って言ったど。

「ゴン助、にしゃあれだど、おれのまねしっちぇだど。そうが、じゃ、やってみろ」

なんて言わっちぇな。

「三日なんつ言わねで、七日も十日もやってみろ」

なんて言わっちゃど。

「ありがとでやんす。おらではそうさせてもらいやす。何時までもこさおいでくんちぇよ」

なんて言いやったそうだ。

「そしたらほらゴミ造、おら家の小桜のごど好ぎなんだど」

「あい」

なんて小っちゃぐなって言ったど。そしたら、

「よがった、よがったー。ありがでぞー。ほんじも本人次第《しでぇ》だがらな、聞いでみねくちゃなんねーわ。小桜来てみろー」

「あい」

なんて来たけど。

「お母《かか》ぁもこ、婆もこ、爺もこ」

　みんな呼ばってユルイ（囲炉裏《いろり》）っ端さいっぺ（大勢）集まって、

「ところでよ、このゴミ造、にしゃど一つになっちぇんだど」

「やんだおら。ゴミ造なんて名前だってやんだ。おらもっと立派な人と一つになりて」

　ぶすぐちゃだ（ふてくされたんだ）ど。そしたっけ、ゴミ造も固ーくなってだわい。

「そーが、にしゃなんじょしてもだめが、そうが、そうが。そんじぇは、歌詠み比べやってみろ。どっちがいい歌歌うもんだが、小桜が勝ったら、ゴミ造、勘弁してくろな。したがほれ、ゴミ造がいい歌歌ったら、小桜、にしゃゴミ造と一つになってね。ここ守んだぞ」

「うん、いいわい。おれ、先歌ってみる」

なんつっけがなと言ってね。小桜さーっと立って、こぼれるほど花が咲いてるような小桜だずもなー。ぱっと立ったけが、言ったど。

「富士山の山より高き小桜に、想いかける下のゴミ造」

ったんだど。そしたらだっちぇも（誰一人も）笑う者いながったど。みんなしーんとしてしまったじゅ。そしたらゴミ造も、

「じゃ、今度はおれが歌詠んでみます」

なんて立ち上がったっけ、言ったんだど。

「富士山の山より高き小桜も、散りて落ちればゴミに絡まる」

って言っただじゅわ。そしたっけが、みんなばちばちの拍手してしまったもんだがら、小桜も堪忍したなべー。

「ん、小桜なじょだ、ゴミ造ど一つになれや」

って言わっちぇな、小桜も馬鹿ではねえがら、このへんぷっと赤くしてな、

「ゴミ造、頼むなー」

って言ってなー。なにほどいい夫婦になって、それがら村もうんと良ぐ治めやったじゅわ。これ小桜むかし、一づさげもうした。

　そう、父ちゃんも母ちゃんもよぐ言ったの。「七重、七重、にしゃもやがで娘になって、ええ人でぎべえが、背伸びするような人のどごろさ行ぐんでねえ。な、背伸びしてるほどせづねごどはねえでぁ。な、ちっと我がよっか劣っかもしんねような人さ行ぐんだぞ。そ

すっとせな、うんと幸せに暮らせるって」と、おれのお父《ど》っつぁどお母《か》ぁがそう言いやったの。したがらおれもちょうどいい人ど一緒になったのよ。「男の馬鹿どおなごの利口がちょうど釣り合うんだ」と、おらの親は教えだんだ。「そのぐれ男はたいしたもんだど」って言ったんだわせ。

三　「藁三束と塩一升」

さで、姉ちゃんたち六人みんな出ちまったの。母ちゃんはよぐ言ったのよ。「これからの女性は、男に頼って、男にすがってばっかいでではなんね。体さ力つけろ、頭さ力つけろ」どって教えやったの。したら、みんな村出で職業婦人になったわけ。だがら一人暮らし三〇年近くやいやった今、九六歳でまだおります。

その母ちゃんがおれが嫁さ行ぐどぎ、「にしゃになー」なんて言って教えやったことあんだけっちょも、「それなんとって教えだっけ」って八〇歳過ぎで聞ぐのよ。「今更なによ」っつたら、「いやー、にしゃさ何て嫁の躾《しつけ》してやったけやなー」って。「ああ、母ちゃんは、おれが嫁さ行ぐどぎに、姑様が『今日のカラスはなんだって赤いなー』って言ったら、『ああ、赤いでやす』って言えよ」ってそう言わっちゃんだ。「そうが、あどはー」「あど四《よ》つ目笊《めざる》どってほら、下に穴っこのいっぺ（たくさん）開いでる笊あっぺよい。『あの四つ目笊で、風呂の水汲めよー』って言わっちゃら、『あ『はーい』って機嫌のいい声出して汲むなぞー。いづがっしゃは（何時かしらは＝やがては）溜まる」、そう言って教えらちゃんだっつったら、「ああ、そうがそうが、そんでもな、今っ頃になって思っつけでよー、なんて八三、四の頃、おれが四七ぐれになってってとき、『にしゃに大事な話教えんの忘えった』とて、教えてくれやった昔、「藁《わら》三束と塩一升」を語ります。

昔あったそうだ。あるどごろに、上のほうに立派な長者様いやった。下の家には貧乏な若夫婦いやったど。したが、どっちのお方様もヤヤ（赤ん坊）産《な》しそうで腹てんこてんこにしてやったじゅが、長者様の家の嫁はいいわい、うめもの食って楽して、腹つん出してっとせな。したが下の家の若《わけ》ぇがなは、朝から晩までしぇんけん（一生懸命）稼いでだど。

「さで、しなだ（あなた）、今日も山さ行きんぎゃる？」

「うん、行ってくんぞ、なんだ生まれそーが」

「うん、だいぶ下がったい」

「そんじぇも、おれ、行ってこねくちゃなんねがらな。にしゃな、おれ、間に合わねときはな、取り上げ婆（産婆）のどごさ行げよ」

「うん、心配しねで行ってきゃれ」

したがな（でもね）、男は山さ行ぐど本気になって仕事しったが、にわかに雷様出できて、がらがらがら鳴ってきたど思ったら、ざーど滝のような雨降ってきた。

「やれ、困った」

ど思って、

「雨宿りすっぺ」

ど思ったら、太い欅《けやき》の木にホラ（空洞）があった。そごさもぐりこんでな、雨止むの待ってたそうだ。したが、止むの待ってもどんどんどんどん降る。向こうの雑木林真っ白になるほど降ってんだど。

「困ったなー」

ど思いながらも、とろとろーっとしたなべ。そしたら、ぱっかぱっかぱっかぱっかぱっかと馬が通ってきて、ちょうどホラの前で止まった。

「あれー、馬の音だなー」

と思って聞いていたっど。そしたら、

「その馬止まった」

ど思ったら、

「山の神様、山の神様」

「あーい」

なんてこっち見た。

「なんだ、産まちゃが」

「産まれやした」

「どごさ産まっちゃ」

「長者様の家さ、男やや（男の赤ん坊）産まちゃがらし」

「ああ、そうが、待っちぇろよー」

なんて帳面めぐるような音すんだど。

「やーれ、なんだこれ、長者様の家のおどっこ（男の子）藁三束持って産まってきたなー」

「はあ、そうがよ」

「あど産まんにぇのが」

「産まっちゃし、下のあの貧乏家さおなごっこやや（女の赤ん坊）産まっちぇらがらし」

「やれ、そうが」

帳面めぐってらっけ、

「ははー、ここの家のおなごっこ、塩一升持って産まっちぇきたわ。待で待で」

なんつけが真剣なって帳面めくる音しんだど。そしたら、

「あららららら、なんだこれ長者様の家のおどっこ、後に下の家のおなごっこカカ（妻）にするわ。まあまあ、食うには困んながんべ」

「そうだなも」

つけが、ぱっかぱっかぱっかぱっかど馬が遠のいで行ったら、雨がさーっと上がったじゅなー。

男は、

「あれー、おら家さおどっこがな、おなごっこがな」

ど思って案じながら行ったど。そしたら家の前さ行ったら、とりあげ婆様、くりくりくりくりどやや（赤ん坊）湯あびせしったじゅわ。

「なんだっ、おなごっこだどー」

ったら、

「そうだぞー、にしゃどごで聞いできた。んーめごい（かわいらしい）な、ほらおなごっこだ」

なんて。

「長者様の家でおどっこだどー」

「そうだど、長者様の嫁様は鼻高《たけ》ぇべー。にしゃはどっちでもいいだわ。丈夫だどせな、ほら抱げ」

なんてもらった。

「したら、これほんに長者様のどごさ行ぐだろうが」ど思ったら、一六の春であったど、

「ここの家の娘は貧乏屋で育ったがら稼ぎはきついがなし、姿格好もいいがらもらいてだど」

なんて。

「ちーとばし不釣り合いで悪いども」

なんて言わっちぇな。

「にしゃ、なじょする」

ったら、

「行ぎて」

っつうど。

「竹あんちゃんのどごさ行ぎて」

「行ぎてのが、にしゃ困ったなー」

　そう言いながらも長者様さ嫁に出したど。

　その一六の花嫁稼ぐごど、朝がら晩までとてぱてとてぱて、くるくるくるくる稼ぐたて、奉公人も三〇人もいるじゅもの、毎日こだ、ずねー（大きい）釜さ二つまんま（ご飯）炊いで、

「朝飯にしてくんちぇよー、はあ、寄ってきてくんちぇよー」

どてカカが言う。

　そすっとみんな男衆、おなご衆寄ってくる。そうすっと家のかあちゃんまんま分けで、

「さあ、食ってくなんしょよ」

って出すんだど。そうすっと今までさらーっとしかもらってねえがな、天こ盛り（山盛り）もらわれんだどー。

「やれよがった」

ど思ってまんま食って真剣に稼ぐげんじょも、気にいんねのは姑かあ様、

「よぐよぐほんに、貧乏家で育ったがら、困ったのんびゃー、ほんに、まんませいっぺ分けっとせいい（ご飯をいっぱい盛りつければ良い）ど思ってんなべが」

言ってだど。だが朝昼晩、朝昼晩、何日たっても天こ盛りやめねんだど。

「こらっ、夕飯終わったら、おれのどごさ来てみろ」

「はい」

　行ったじゅなー。そしたっけ、

「ここさぶしかれ（ここに座れ）」

「なんであったよー」

「なんだもこんだもあんめえぞ。にしゃ、なんであのように奉公人さまんまいっぺ分けんだ」

「悪《わ》りがったがよー」

てから」

「おら、本気で稼ぐ人にはいっぺ食せんなんねと思っかわがんねだ。それさまんまくれっこどね」

「何かす語ってんの、奉公人てなんぞはな、四《よ》つ目笊《めざる》なんだぞ。四つ目笊で井戸の水汲んでみろ。水の中にあるうちはいっぺ水あるようだども、岡さあがればずほーっと抜げんべー。それど同じ、どごで油売っててっかわがんねだ。それさまんまくれっこどね」

「はいっ」

返事はしたげんじょも、玉の汗流してくる男衆、おなご衆さ、さらさらーっと分けられなくて、天こ盛り分けて、

「さっ、もっと食わっしぇ、いっぺ食わっしぇ」

ってやったど。

そしたらたちまちに、

「ほら、竹（夫の名前）、にしゃのカカ（嫁）だ。にしゃ躾《しつけ》ろ」

「おい、こら、オガ（母親）に何て言わっちゃだ、まんまいっぺ分げんな」

「あれ、竹あんちゃんまでそんなごど言うて、おらたちごそは屋根の下で稼がれっから、ちっとしかまんま食ねったっていいども、お天道様《てんとうさま》さ油っちぇ稼ぐ（日の当たる所で焼かれるよう稼ぐ）人は、腹くっちぐなるほど食わねがったら、間にあわねえんだよー」

「何言ってんだ、理屈いらね、おら家はオガの言うこと聞いでっとせ、いいんだ」

言わっちゃど。

「はいはい」

二つ返事だもの言うこと聞くがまっせなー。まんまいっぺ分げでやった。とうとう堪忍袋の緒が切れてぶんださった（追い出された）ど。家さ尻向けっと峠越えで行ったそうだ。

「あーあ、腹はへるやら、喉《のど》は渇ぐやら、なにが食いで」

ど思ったが、茶店があっても銭もだねもの。

「やれやれ」

ど思ってなー。蕗《ふき》っ葉《ぱ》でお椀ここしゃって（作って）、

「それがら湯気だげご馳走になります」

なんて、湯気ご馳走になってごぐごぐーっと飲んだどー。

「あー、うんめなー」

ど思ってだら、

「こら、何だ。にしゃそんだ面色悪ぐして、寄れ寄れ、腹へってるんだべ、ほら食え」

なんちゅうどな、饅頭ご馳走になる、甘酒もご馳走になって、本当に幸せだったど。

「にしゃ、なんにも持だねえで、どごさ行ぐど、ここさいで手伝え」

なんて言わっちぇ、婆やど一緒にいるようになったど。そしたら、今まで一人っこで婆様な、鼻水つけつけ作ってる饅頭よりは、若え姉様作って、

「さあ、饅頭蒸《ふ》けだがら、寄ってがんしょー」

なんて言うもんだがら、みんな寄ってきて、

「わー、いいのいんな、まー、土産に一〇《とお》も包め」なんて言わっちぇな、どんどんと流行《はや》るようになったど。

「婆や、裏の清水で酒こしゃってみねえがよ」

「ああ、いいこと、にしゃ思いつけだなー」

酒こしゃあようになった。そしたら酒まで出すもんだがら、

「婆こごさ泊まりながらゆっくらどご馳走になりてえな」

「そうだそうだ、宿屋にすっぺ」

娘ど二人で宿屋にした。男衆、おなご衆いっぺ頼んで、たいした繁盛する宿屋になったど。そしたら婆やがな、

「おら、にしゃのお陰でほんにいい思いしたぞ。この家も何もかも、にしゃさ任せだ」

って言うずど、ぽくっと死んじまったんだど。

いやいやいきなりおなご主人になって稼いでだら、ある時、見たごどある男来たんだど。三年も味噌さ漬けだようなくせー格好してな、ぶーらぶらぶーらぶら何が下げで来んだじゅわ。

「こんにちあーいす」

って来た。

「はーい」

って出てったら、

「竹あんちゃ」

ど思ったど。

「これない、悪いなす、このがな（手にもっているこれ）などあの握りまんま（握り飯）すっけぇで（取り替えて）くんちぇな」

「はいはい、よござんしょ」

草鞋《わらじ》三足受げ取って、

「なんで竹あんちゃん、あのようにいっぺあった財産なじょしたんだろう」

と思ったどもな。一度はカカになったもんだもの、もぞさくて（かわいそうで）もぞさくて、ずねー握り飯作って、中さ梅漬けぶっ込むど、その脇さ大判小判いっぺぶっ込んでなー、こだずねー（このように大きい）握りまんまにして、

「はい、持ってがんしょ」

ってやったんだど。そしたら、

「ありがとごぜえやす」

なんて目も合せねで行ったじゅわ。通りの間がらずーっと高すけ（太く大きく）伸びだ桑の木の畑さ行ぐど、高すけの桑の根さ行ってぱっぱっぱっぱっと広げて、あむあむあむあむど食いはだった（食べはじめた）ど。そしたらかちっと歯さ当だったべ。

「うっ、あの野郎、石なんぞ入れしゃがって」

つど、ぽいーっと投げだど。

「こっつさも入ってんであんめぇ」

まだぽいーっと投げだど。

「竹あんちゃ、おれの気持ちわかってくちゃべがなー。わかってくっちゃら、明日は来《こ》め」

　そう思ってたら、なんだべ、どごで藁もらってまた草鞋こしゃって来たのま。そしたって、

「こんにつはーす」

ってまだ来たずお。

「はーい」

って出でったら、また竹あんちゃん。

「あれっ」

っと思ったど。

「今日も悪いなっす。この握りどこれ、すっけぇでくんつぇな（取り替えてくださいな）」

「はいはい、よごさんしょ」

なんで、

「あのようにいっぺぇあった大判小判わかんねだべが」

ど思った。

「たんにゃがったのがな（不足だったのかしら）」

ど思ってな、まっとずねー（もっと大きな）握りにして、いっぺ大判小判ぶっ込むど、握りまんま三つこしゃって、

「はい、持ってがさんしょ」

「ありがとうでやす」

　桑畑さいぐど、あの高すけに伸びた桑の根本さ行くど、ガラガラどぶん投げだようにして開いで、がむがむがむがむど囓《かじ》ったど。そしたらまだかちっと歯さ当だった。

「今日は入ってながんべど思ったが、まだ入れでしゃがったな」

ど、ぷぃーっと投げる。

「これもが、これもだ」

とって、三つが三つみんな途中からぶん投げちまってよー。

「今頃、どごで藁もらって、草鞋こしゃって来るんだがや、明日あだりはこの遠野さこべえど、そういう人見だれば、にしゃ思えよ」

どって八〇過ぎの親言ったのす。

「人じゅは、みんな誰でもが生っちぇ来っとき、藁の三束が塩の一升どっちがもらってくんだじゅわー。にしゃはどっちもらってきたがしゃねえが、困ったとき

あったら、藁三束だって使いようによっては物になる。塩だって使いようによっては、水さなんぞ漬けだら、ささほさ（たわいもないほどもろく失うこと）だ。そう思って気つけて稼げよー。人の気持ちがわかんねほど困るやづはいねどっていう昔だ。そうやって、にしゃも幸せになれよ」
どって、オガ、私に言ったんだ。こんじぇ一つさげもした。

四　母が歌う「正月せー」の歌

さーで、そろそろ終わりの時間になっともや、おれの母ちゃん九六なんだけっちょも、数え歌で「正月せー」歌うの、その「正月せー」は一〇月までしかねえど思ってだの。さてつい二カ月ほど前、「母ちゃん正月せえ歌うべ」たら、「ああ、歌うべ歌うべ」。

♪正月せー、障子開ければ万歳よー、鼓の音やら歌の声、歌の声　ドンドゴ
♪五月どせー、ごんごん参り（意味不明）の前垂れを、お正月かけとって、取っておいた、取っておいた
♪九月どせー、草の中にも菊の花、飾って見事に生けましょね、生けましょね
♪十月せー、重箱担いでどごさ行きんぎゃるー、おらのおばさの安倍川餅、安倍川餅

で終わりだど思ってだの、おれ。そしたら、「十一月せー」なんて急に歌いやんのよ。「あら、母ちゃん」と思ったけが、黙ってだ。

♪十一月せー、十一俵をおっ立てでー、お正月来るのを待っておる、待っておる

「はい終わり」なんて言うんだよね。「母ちゃん、十二月は」ったら、「ねえ（無い）な、そのうちな」、「父ちゃんどごさ行がねうち、教えでなー」ってたら、「ん、まだな（笑い）。早くにしゃ戻れ、姑様っつ様付いた人待っちぇやったべぞー。ままごしぇ（御飯作り）しんなねんだがらハ、早く戻れ」って言わっちぇな、母ちゃんと別れて帰んだ。じゃみんなも、さいなら。（拍手）

語りのライブ

宮城県登米市の語り

伊藤正子

一　母から聞いた昔話を語り継ぐ

皆さん、こんにちは。

私は大正一五年（一九二六）生まれで、電灯のない家で育ちました。それで、母の語る昔話を毎晩毎晩聞いたんです。小さい時から学校に入ってまで聞きました。同じ話を何回聞いても、「ああ、またこの話か」と思ったことがなく、胸を躍らせて聞いたのが心に残っております。

私の祖母が素晴らしい語り部で、「五〇〇話くらいは知って語った」と言っていました。「知っているだけでなく、すごく語り上手で、聞く人を昔話の世界に引き入れた人だった」と母が語っておりました。私が生まれる一年前、五六歳で亡くなっております。

私も母から聞いた話を子供たちにしょっちゅう聞かせました。そして、孫にも聞かせました。今は曾孫に聞かせております。喜んで聞いてくれます。

長女に、「小さいときお母さんに昔話いっぱい聞かせられたけっども、全部覚えてないから、お母さん、書いてて」って言われたことがあるんです。「昔話を書くなんて」と思っておりましたが、母が亡くなってから一生懸命書いたんです。約八〇話くらい書きました。

「こんなに書いたのを、ただしまっておくのももったいない」と思って、迫町公民館で『ひろば』という本を出しておりましたので、公民館の主事さんにお願いしましたら、「じゃ、今年は伊藤さんの一人集にしましょう」ということになって、昭和四六年（一九七一）、七一話を『町民のひろば―第六集―』に出していただきました。

それから皆さんの前で語るようになり、三〇年以上になります。昔話を頼まれると、喜んでどこまでも歩くというのが、私の今の生き甲斐でございます。

二　「しゃれこうべの敵討ち」

今日は「女性と昔話」ということですので、「しゃれこうべ（骸骨《がいこつ》）の敵討《かたきう》ち」というのを語ってみます。

むかーし昔のことだったたど。うんと猟の上手な男の人がいたど。そごでその人が嫁ごをもらったんだと。そして山の一軒屋で、嫁ごど二人で暮らしてらんだど。猟師は朝早く猟に出て、晩方には獲物を持って帰り、その肉を町に持って行って売って暮らしてらんだど。

ところが、その御亭様が、毎晩毎晩、夜遊びに出るようになったど。

「あら、今日も出はったちゃな、さっぱり帰ってこね」

嫁御は毎晩一人ぼっちでなあ、ヨワリ（夜なべ仕事）をしながら、ランプの下で待ってらんだど。

ある晩、

「戸開けろ、戸開けろー、戸開けろー」

つ恐《おっそ》ろしい声が聞こえてきたど。

「なんだべや、おら、おっかねごだー」

ど思って、ランプ消して、したーとなって隠れていたずもね。そのうちに、その「戸を開けろ」と言う声が聞こえなぐなったど。

「ああ、聞こえなぐなった」

ど思っていたら、次の晩もまだきたんだど。

「戸開けろ、戸開けろー、戸開けろー」

段々段々にその声が大きくなって、そのうちにまた静かになって聞こえなくなったんだど。毎晩来るんで、その嫁御が御亭様さ、

「あのね、『戸開けろ、戸開けろ』っつう化け物が来て毎晩せめられっから、お前さん、出はねでけらえん、夜出はねでけらっしぇー」

て言ったど。

「どごにそんな化け物いってや、世の中に化け物なんているもんでね。おれ、出はっからそんなごど言うんだべ」

て、てんで相手にしないんだど。

「ほんでねがら、出はんねでけらっしゃい。家にいてけらしぇ」

必死になって頼んでも、御亭様はぷいと行ってしまうんだど。

その晩もやっぱり来て、一人でヨワリして待っていたら、

「戸開けろ、戸開けろ」

段々にその声が大きくなって、そのうちに戸をみりみりっと破って中に入って来て、首たはもがれる、足は切られる、手はもがれる。ばらばらにして殺したっもの、そごさ御亭様が鼻歌こ歌って帰ってきたったど。

「こら、今来た」

て来たど。何の返事もなかった。ランプも消えでる。

「こら、今来た、ランプ点《つ》けろ」

なんの返事もね。

「ランプを点けよう」

と思って、そろそろと中に入って行ったら、嫁御の足に当だったんだど。

「何だ、おれどご蹴ったぐったな」

怒ったど。そしてランプを付けようとして手探りしたら、鉤《かぎ》に吊《つ》るさってあった手が頭にばたっと当たっ

たんだど。

「なんだおれどご叩《たた》いたな」

怒り怒りやっとランプを点けて見たれば、なんと血の海だったど。頭は横座に切られてある、足は板の間にある、手は吊るさってる。

「『戸開けろ、戸開けろって来る化け物いっから、出はんねでけろ』って言われだった。やあやあ本当だったんだなあ。とっても、おれ、この家にいられねちぇや」

おっかなぐなって、御亭様も風呂敷包み一つ背負って家出はったど。そしたら、その頭がごろごろごろごろごろごろ追っかげてくるんだど。どごまでもごろごろついで来るんだど。

「あらおっかねおっかね」

ど思って走れば、その頭がごろごろごろごろど早ぐ来るんだど。疲れで静かに歩けば、静かにごろごろごろごろと来るんだど。

「やあや、これはらちもねえごど（大変なこと）した」

ど思って、歩いで行ったれば、川があって、そこに一本橋が架かってらったど。その一本橋の上を頭がごろごろごろごろ追っかけてくるんだって。

「何だ、まだ追っかける」

と思って、足でぽんと蹴ったぐって、その頭を川に落としてしまったど。ずくずく沈んで行ったがら、

「ああ、やれやれ、良がった」

と思って、遠くの町に行って稼いでらどな。

何年かたったど。

「はあ、今ころほとぼり冷めたべ」

ど思って帰ってきたど。

「あの家なんじゅになってらべな」

ど思って歩ってらど。うんと暑い日だったど。そんで、

「とっても暑くてわがんね。川ある。川さ入って汗流して行くべ」

と思ってな、川に入ったど。そしたら、

「しゃれこうべが男の足にがぶっと嚙《か》みづいだ」

ど思ったら、ずるずるずる引っ張らって、もがいでも叫《さが》んでも離れながったど。そんで御亭様はぼこぼこ沈んでなあ、それきりだったんだど。これで、えんつこもんつこさげした。


でも、この話をどう受け取ってくださるか、その化け物をどう受け取ってくださるかは皆さんのご自由でございます。「女の嫉妬心から生まれた話ではないかな」と思います。

三 「さいしんへら」

では、今度は男の話でございます。

むかーし昔、あるところにね、神社があって、その神社の神主様《しんとさま》がいたど。ところが、さっぱり誰も拝みに来る人いながったど。「病気平癒を拝んでけろ」って人もない、「安産を拝んでけろ」って人もない、「地

鎮祭だがら来てけろ」っつ人もない。とってもとっても貧乏だったど。

「こんでおれ、おがだ（女房）子供さ、ご飯食せでやられねっちぇ」

　その神主《しんと》さんが神様に、

「神様、神様、おれどごさ来る人ねがら、どうぞ流行《はや》るようにしてけらいん」

　一週間の断食祈願したど。

　そしたら一週間目の満願の日に神様が夢枕に立ったんだど。そして、

「こらこら、お前もなあ、さっぱり流行んなくて困んべな。ほだらばな、おめさ、この赤いへら（しゃもじ）ど黒いへら渡すから、むやみに使ってはだめだぞ。赤いへらで人のけっつ（尻）を撫《な》でると鳴り出すんだ、黒いへらで撫でると止まるんだ」

て言われだんだど。そしたらぱっと目が覚めてな、

「あら、なんだ夢だったのが」

　そしてみだれば本当に枕元にね、赤いへらと黒いへらがあったんだって。その神主さん手に取って眺めで、

「やーや、神様もおれの言うごど聞いてくれだんだな。ほだけっども、人のけっつを撫でるということは、これは大変なことだ。いつ、誰のけっつ撫でんべやー」

て思って、毎日毎日そのへらっこ出して、手に取って眺めて、

「どうせ撫でっこったら、金持ちの人のけっつ撫ででえ、貧乏人のけっつ撫でてもどうにもなんね」

毎日毎日眺めでらけっども、そういう撫でる時がながったんだどね。

　そのうちに春が来て、お花見の節が来たんだど。村中の人が集まって飲めや歌えやで、酒っこ飲んで大騒ぎしてらど。その中に、村一番の金持ちの奥様もいたどね。そしたら段々夜更けになって、みんな酔っぱらったど。その金持ちの奥様も酔っぱらってしまったど。そして真っ暗なところの草原さ行って、着物《いしょ》ぐるっとひんむくって（めくり上げて）ね、おしっこじゃーっとしてらの。

「ああこの時だ」

ど思って、赤いへらを持って、静かに裸足《はだし》になって草原を行って、すっと撫でたど。そしたらその奥様のけっつが、しばらくしたら鳴りだしたんだど。

　ふる道、ふる坂、ふる街道の坂々《さかざか》で
　さいしん（祭神）へーらで撫でられたー
　そーれでけっつが鳴ぁるぞや
　ひょーろんこ、ひょーろんこ

　ふる道、ふる坂、ふる街道の坂々で
　さいしん（祭神）へーらで撫でられたー
　そーれでけっつが鳴ぁるぞや
　ひょーろんこ、ひょーろんこ

ど鳴り出したんだど。さあー、びっくりして飲んだ酒っ

こも覚めてしまうようだったどね。

　家さ帰《け》っても鳴るんだど。次の日も鳴るんだど。これは大変なことだど。

「さあ医者どの呼んで来《こ》」

て、村の医者を呼んできたけっども、なんぼ診《み》ても治んね。

「ほだら隣村の医者呼んで来」

　ほんでも治んね。

「ほだらおっぱらって（お祓いして）もらえ」

て、こっちの神様とそっちの神様とみんなにお祓いしてもらったけっども、さっぱり治んねど。

「これは大変なことだ。頼まねの、あの流行らず神主《しんと》一人だっちゃや。あの神主《しんと》来たって治んねえべげっとも、最後の頼みだがら頼んでみろや」

となったど。そしたらやっぱり頼みさ来たど。

「ああ、来てけだな」

と思って黒いへらを持って行ったど。

　そしたら長者の家だがら広い座敷があって、一番奥の座敷でお祓いしたど。

「誰もみな、しゃってでけらえ（ここから去ってください）」

　そこでけっつの鳴る奥様の前で、

「祓えたまえ清めたまえ、かしこみかしこみ申す。奥様のけっつの鳴るのが治りますように、祓えたまえ清めたまえ、かしこみかしこみ申す」

　しばらくしばらく拝んだど。そして黒いへらですっと撫でだら、止まったどね。

「大した力のある神様だ」

て、お膳さいっぱいお金もらったど。

「ありがたい、ありがたい神様のお陰だ」

とそのお金をもらって家さ帰ったど。

　でもな、

「たった一回でやめんのも、惜しいちゃな」

ど思ったどね。

「誰かのをもう一回撫でてみで」

ど思ったど。ところが人のけっつを撫でるということは容易なことでないがらね、昔は。

「ようし、今度は人でなく、馬っこのけっつ撫でてみっかなあ」

　少し遠くの家の馬っこなど考えついだど。

　神主様《しんとさま》は夜中に出はって行って、隣村の一番金持ちの家さ行って、その家で一番いい馬っこのけっつを赤いへらでさっと撫でだんだど。そうしたら馬っこのけっつが鳴り出しだど。

　ふる道、ふる坂、ふる街道の坂々で
　さいしん（祭神）へーらで撫でられたー
　そーれでけっつが鳴ぁるぞや
　ひょーろんこ、ひょーろんこ

となったんだど。馬っこはびっくりして馬屋の中《なが》で暴れるは暴れるは、大騒ぎになったんだど。

「これは大変だ。さぁ獣医呼んでこい」

こっちの獣医、そっちの獣医、そっちのお祓い、こっちのお祓いしてもらったけんども、さっぱり治んねがったど。そしたら誰かが、

「隣村の長者の奥様もこういうふうにけっつ鳴って、あの流行らず神主《しんと》頼んだれば治ったんだってよ」

「ほだら行って頼んでこ」

頼みさ来たずね。それで黒いへらを持っていって、馬屋の中で一生懸命お祓いしてね、黒いへらで馬っこのけっつそっと撫でだら止まったど。

「大した力だ」

またお膳に載せてお金いっぱいもらったど。

「ありがたいありがたい」

神主《しんと》さん、家さ帰ってがら、

「おれがこれ以上このへらを使ったら、これはだめだ。持ってれば使いたくなるから、流してしまえ」

川に流してしまったんだって。それからというもの、その神主《しんと》さんは流行るようになったんだど。えんつこもんつこさげした。（拍手）

遠野の語り部・北川ミユキ

大橋　進

一　はじめに

私が所属しております遠野物語研究所の研究主幹である石井正己先生から、「北川ミユキさんについて調査・発表してみませんか」という話があり、浅学を顧みず、いまこの場に立っております。どうぞよろしくお願いいたします。

さて、本日の講演には副題に「語り部第一号」という言葉を添えさせていただきたいと思います。この表現は、北川さんがお亡くなりなった翌々日の、昭和五七年（一九八二）五月五日の『岩手日報』朝刊の記事を参考にいたしました。この記事は「『遠野民話』の語りべ」という見出しの脇に、白抜きの大きな活字で「第一号の北川さん死去」と出ております。

現在さまざまな場面で活躍している遠野の語り部たちの先駆者として北川ミユキさんが位置付けられています。この講演では、なぜ北川ミユキさんが「語り部第一号」なのかを示すと同時に、今回のゼミナールのテーマである「女性と昔話」に少しでも迫ることができればと思っております。

そのためにはできるだけ北川ミユキさんの実像に近づかなければならないのですが、「語り部」の報告にもかかわらず、語りの音声資料が極めて少ないことがあげられます。ミユキさんが逝去なされてはや四半世紀以上になりますので、直接お会いしてのお話はできませんから、不十分なものに終始することをお許しいただかねばなりません。ただ、息子の正澄《まさずみ》さんをはじめ、生前の彼女を知る人々からの聞き取りをおこないましたので、そのへんの話を中心に据えながらこの話を進めていきたいと思います。

二　北川家の系譜とミユキさんを取り巻く人々

それではまずはじめに、ミユキさんが生まれた北川家とはどんな家柄の家だったか述べてみたいと思います。

『土淵村誌《つちぶちそんし》』（以下『村誌』。なお土淵村は現在の遠野市土淵町）と北川家所蔵の由緒書から、北川家がどのような系譜をもつのかをみてみます。

北川家は江戸時代から明治初期にかけて修験道《しゅげんどう》を修めた、いわゆる山伏《やまぶし》の家柄で、「北川正福院」の院号で登場します。北川家所蔵の由緒書上に「羽州羽黒派修験遠野栃内村《とちない》　正福院」（栃内村は藩政時代の村名で、現在の土淵町内）とあります。このように北川家は山伏の家柄として栃内村に定住しているわけですが、昔話を含む民間伝承の世界において山伏の役割を簡単に確認しておきたいと思います。

柳田国男《やなぎたくにお》先生は「伝説・説話の運搬者」として、「人と神霊との仲介を業とした宗教家」にあげております（『民間伝承論』）。この論をふまえると、旅僧や山伏などの遊行宗教家が一般的に昔話を伝える役割を担ったといえるわけです。

北川家は、近世における農村居住の修験ですので、町居住の修験のように漂泊性が強いわけではありません。村に定着しているわけですが、それでも他の村人からみれば、羽黒山での修行などで外の世界に出ることも多く、昔話を伝え、保存する機会はあったと考えられます。

また、山伏は修験道儀礼を通して村人の生活に大きく関わります。特にも病気治療、災い除き、豊作祈願、人間関係の悩みなどを加持祈禱や符呪（まじない）したりすることで村人の生活観・人生観に影響を与えることのできる存在です。教育面でも江戸時代末期、村の寺子屋の一つとして「北川正福院」があげられております。

このように村人の宗教的・社会的指導者としての北川家ですから、明治生まれのミユキさんが後世の語り部として登場するための客観的条件は満たされていたことになります。

次頁にミユキさんに関わる北川家の系図を息子さんである正澄さんの話をもとにご紹介し、彼女を取り巻く人々に移りたいと思います。

まず、ミユキさんを語る前に系図中の番号（①から⑦）の人物について、ミユキさんとの関わりを述べていきます。

①正福。「まさとみ」と読みます。生没年は寛政六年（一七九六）から明治一二年（一八七九）。ミユキからみれば曾祖父の父にあたり、『村誌』では、修験・北川正福院で紹介されています。明治維新後、正福と改めます。それによれば、博学で教えを請う者多く、教育者としても優れた人物で、著書も多くあったようです。ミユキは、正福さんが死去してから生まれているので、直

接的な接触はありませんが、北川家を考える場合無視できない人物です。
②清。「きよし」と読みます。生没年は天保一一年（一八四〇）から大正一〇年（一九二一）。ミユキの祖父。この人物は『遠野物語』九九話に登場します。九九話は、清さんの弟・福二さんに関わる話ですが、その冒頭に「土淵村の助役北川清といふ人の家は字火石《ひいし》に在り。代々の山臥《やまぶし》にて祖父は正福院」と出てきます。村会議員を経て土淵村初代助役。
③チエ。この人物は清の妹で、ミユキの大叔母になります。佐々木喜善《ささききぜん》の実祖母でミユキと喜善とは又従妹になります。
④真澄。「ますみ」と読みます。清の長男で、ミユキの実父になります。生没年は明治一一年（一八七八）から昭和一七年（一九四二）。明治二九年（一八九六）から土淵尋常小学校を振り出しに、附馬牛《つきもうし》尋常小学校などの教員を務めてます。明治四二年（一九〇九）八月に柳田が遠野を最初に訪れた際に接触し、附馬

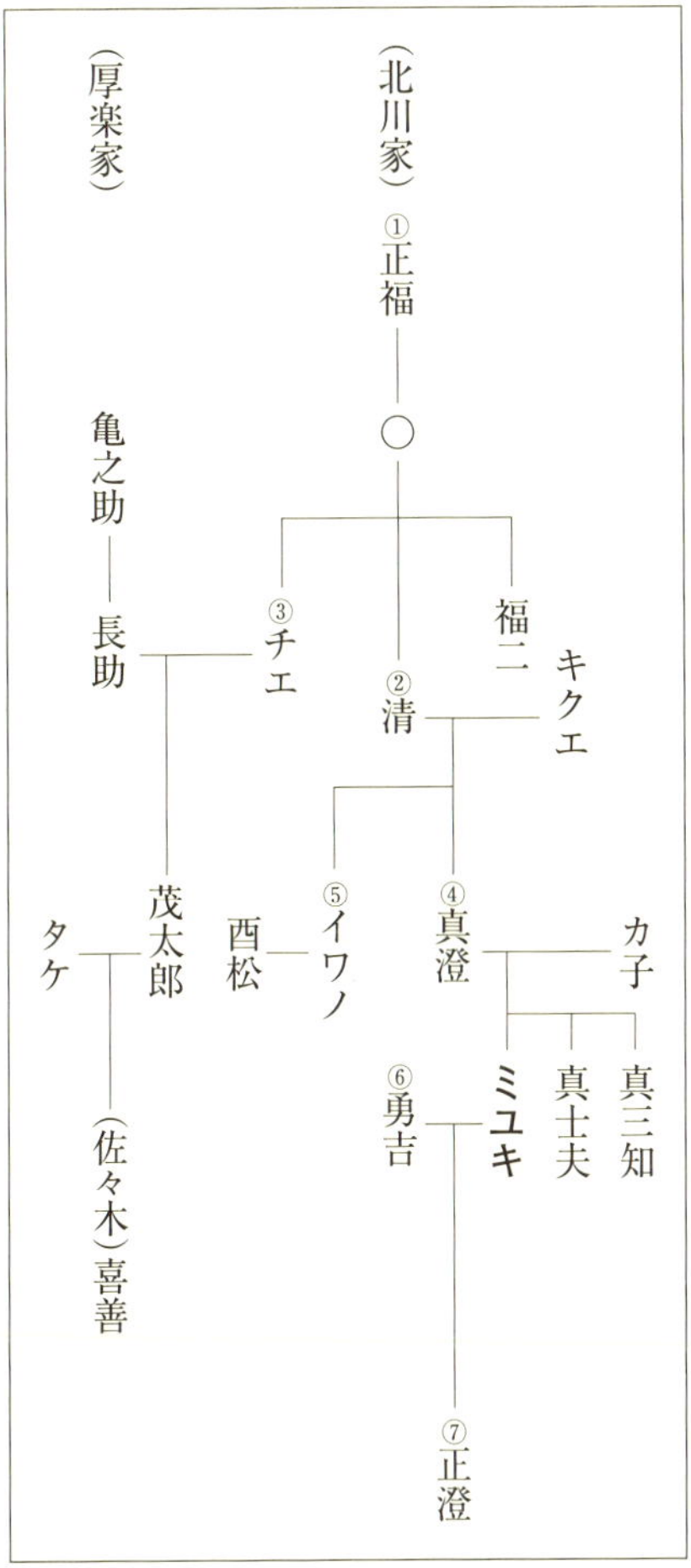

牛案内を務めております（高柳俊郎『柳田国男の遠野紀行』）。

明治四四年（一九一一）に教員を退職。大正八年（一九一九）から神奈川県茅ヶ崎の日本帆布株式会社に勤めたり、伊豆の箱根神社で神職に従事したりしますが、関東大震災（大正一二年（一九二三））を契機に帰郷（前掲書）。大正一四年（一九二五）、喜善が土淵村村長になると助役として喜善を支えました。喜善死去の際、郷里でおこなわれた葬儀で弔辞を読んでいます。また、真澄は後述のオシラサマに関わる話や、『聴耳草紙《ききみみぞうし》』に語り手の一人としても登場しています。
⑤イワノ。清の長女で真澄の姉。西松《とりまつ》を北川家養子に迎え、結婚。このイワノ・西松夫妻こそミユキの養育に深く関わっていく人です。ミユキは明治四五年（一九一二）一三歳のとき、イワノ・西松夫妻の養女になっています（正澄談）。イワノも真澄と同様、『聴耳草紙』の語り手の一人です。大正六年（一九一七）没。
⑥勇吉。「ゆうきち」と読みます。北川家に入り、明治から大正にかわる大正四年（一九一五）に結婚し、ミユキの夫になります。野崎集落の出です。恩徳《おんどく》地区を中心に造林事業に携わります。終戦後、土沢町（現在の花巻市東和町）からホームスパンを導入、緬羊《めんよう》を飼育し糸をとり、ミユキに織らせたそうです（正澄談）。勇吉も村会議員、農業委員など村の要職についております。
⑦正澄。勇吉・ミユキ夫妻の一人息子。昭和一一年（一九三六）生まれですので、ミユキさんが結婚して二一年目に誕生したことになります（正澄談）。農業のかたわら神職についており、喜善祭の祭司を毎年務めております。

三　正澄さんが語る母・ミユキさんの人となり

ミユキさんは当時の土淵村栃内火石で、先に示したとおり真澄・カ子《ね》夫妻の長女として、明治三一年（一八九八）一二月一〇日に生まれました。

正澄さんにミユキさんの名前の表記について聞いてみました。というのは「ミユキ」という名前を、「みゆき」とか「深雪」と表記されることがあるからです。結論から言えば、「ミユキ」という表記が戸籍に記載されているという答えが返ってきました。ただ、本人は「深雪」と自分の名前を表記するのを好み、意識的に用いたようです。正澄さんが誕生したときの命名表には、両親の名前として「勇吉・深雪」と記されていることからもわかります。父・真澄さんも戸籍上は「ミユキ」と届けたものの、日常的には何かと「深雪」と表記したようです。

真澄さんは、三三歳で教員を退職、四一歳で村を後にして、神奈川に移住しております。このとき、ミユキさんは、父と一緒に神奈川の方には行っておりません。ミユキさんは真澄さんがが教員を辞めた翌年の明治四五年、先述のように一三歳で伯母イワノ・酉松夫妻の養女になって、伯母夫妻に育てられることになったからです。

当時の一三歳といえば、尋常小学校を卒業し、その上の高等科に入学する年齢です。普通の農家の子どもは高等科には行かないのですが、村の名門である北川家の娘であるミユキさんは高等科に進みました。しかし、彼女は「勉強はもう十分」ということで、高等科を中退し、家の手伝いのかたわら、養母のイワノさんから本格的に昔話を聞くことになります。後の「語り部・ミユキ」の原型が形成されはじめたわけです。

ミユキさんは、一七歳のとき、勇吉さんを養子に迎え、結婚します。なかなか子どもに恵まれず、ついに実子は諦《あきら》め、勇吉さんの姪御さんの千代さんを養女に迎えております。

ミユキさんは北川家の婦人ですから、一般の農家の女性よりも農作業に携わることは少なかったようですが、仕事をやらせれば優れた能力を発揮しました。早乙女《さおとめ》として村の田植え競争では、二度三度と優勝し、周りの人々を感心させ、地元の山口さんさ踊りに歌を入れるときは必ず頼まれたものだそうです。つまり、「声よし」の評価があったわけです。ＮＨＫののど自慢（昭和三〇年（一九五五）六月の市制祝賀会の一行事か）にも出たことがあるそうで、もうちょっとで合格かといわれました。婦人会の芸能大会の常連で、結構笑いをとったそうです。正澄さんはそんな母をみて、子ども心に恥ずかしかったといっております。

ところで正澄さんは先に述べたとおり、ミユキさんが結婚して二二年目の子どもですから、おおよそ三九歳という高年齢出産になります。養女・千代さんもすでに結婚し、正澄さんと同じ年に長男を出産しております。養母と養女が同時に母となったわけです。ミユキさんにとってみれば息子と孫が同時にできたわけですから、子育てにも気をつかったことと思いますが、正澄さんの記憶では、日常生活はもちろんのこと、高校に進学するときも同じ学校で、甲乙を付けた育てられ方はしなかったということです。

こうして正澄さんの話を総合してみると、ミユキさんという方は仕事もよくでき、おおらかでユーモアに充《み》ち、芸達者で人間味豊かなところがあって、村落社会に生きる女性として昔話を語るにふさわしい女性像が浮かびあがってくるのではないでしょうか。

四　ミユキさん登場の背景

ここでは、まず「語り部・北川ミユキ」が登場する背景をみてみることにします。まずミユキさんが、語り手として紹介されている資料をあげてみます。

最初に、ミユキさんが死去したときの『岩手日報』の記事の一部をそのまま引用します。

　北川さんは、岩手国体が開かれた昭和四十五年ごろから同市を訪れる観光客を相手に、自宅で「遠野物語」の民話を聞かせ、五十五年まで約十年間、民話の語りべとして人気を呼んだ。……二年前から高齢のうえゼンソクを患い、遠野病院に入院するなど治療に努め、最近ではほとんど民話を語らなかった。……（傍点筆者）

次は、『遠野郷先覚者物語』からの引用です。

　北川ミユキは旧土淵村に生まれた。この部落は昔話や世間話が豊富だ。昭和四十六年NHKテレビ「ふるさとの歌まつり」に民話の語り手として登場して以来、すっかり〝民話のおばさん〟と呼ばれるようになった。……（傍点筆者）

『日報』の記事からすぐ分かることは、ミユキさんが遠野における「民話の語りべ」として登場してくるのは昭和四五、六年、一九七〇年代の初頭であること。遠野ではこの頃既に「語り部」という表現が定着していたこと。さらに『日報』の記事では、この頃から遠野観光の一つに『遠野物語』、民話が据えられてくること、語りの場が現在のようにホールではなく、ミユキさんの自宅であったことなどです。

二つ目の資料からは、NHKのご当地ものの人気番組制作にあたり、遠野の特色の一つは「民話」であることを認知し、その語り手の代表としてミユキさんを選んだということです。

このように昭和四〇年代中頃、ミユキさんは語り部として隠れた存在から明らかな存在になったわけですが、それより先、昭和四一年（一九六六）には、その後の遠野における口承文芸界に大きな変化をもたらすきざしが現れました。

それは当時、附馬牛小学校長であった福田八郎さんが『遠野の民話』を発刊したところによります。この書の性格について、石井先生は遠野の歴史書、『遠野物語』、『聴耳草紙』、『定本附馬牛村誌』などの文献を書き直し、「再話」を主体とする「新しい郷土読本」として位置付けています（『遠野の民話と語り部』）。

福田さんによるこの業績は、遠野の人々に「昔話を再認識」させ、その後の遠野の口承文芸界に道を開いたこと、「民話」「語り部」という言葉の導入など、遠野における口承文芸の発展に寄与したことも高く評価されております（前掲書）。いわば、福田さんは遠野郷に生きる人々が『遠野物語』や昔話などの口承文芸を大事な文化遺産として継承していくという契機を作ったといえるわけです。

ここで参考までに遠野における「民話」という言葉の展開を二、三あげておきたいと思います。

一般的に各自治体の発行する広報紙は、その時代の鏡といえるわけですが、『広報とおの』に「民話」という言葉が初めて登場するのは、私が確認した範囲では、昭和四二年（一九六七）一一月発行第二一九号かと思われます。それまで広報では遠野の歴史書などをとりあげた連載があったのですが、この号で初めて佐々木喜善の紹介が「民話めぐり」というコラムでなされるのです。福田さんが『遠野の民話』を発表して一年後のことです。「民話」という言葉が遠野で市民権をもちはじめたのでしょう。

次の例は、「民話」という言葉が土淵第二小学校の校歌の一節に取り入れられた話です。この学校は土淵小学校栃内分校から昭和二六年（一九五一）に独立したのですが、その一番の歌詞を紹介しますと、「みどりの牧場の白い雲　民話のこだまが　呼んでいる　我等の母校第二小 うたおうよ　うたおうよ　心そろえてうたおうよ」となります。

「民話」という言葉が入ったこの校歌がいつ頃できたかは、いろんな文献を調べましたがわかりませんでした。しかし、この学校に関係された方々の話を総合すると、どうやら昭和四〇年（一九六五）頃のようです。作詞は滝田常晴さんという方で、当時釜石製鉄所に勤務するかたわら詩作も行っていたようです（製鉄所同僚の坂下忠助さん談）。滝田さんはたぶん第二小校歌の公募に応募したのでしょう。福田さんとは別のルートで、昭和四〇年代初頭には喜善のふるさと・土淵で、「民話」という言葉が子どもたちと学区民の意識にあったことになります。

このように「民話」という言葉がじわじわと浸透しはじめ、この言葉が遠野の代名詞として決定的になるのは、昭和四四年（一九六九）五月に観光協会が観光キャッチフレーズを募集（『広報とおの』第二三七号）、「高原が呼ぶ民話がささやくみちのく遠野」が採用され、その後「民話のふるさと遠野」というイメージが定着するのは、昭和四五年（一九七〇）の岩手国体や、国鉄の「ディスカバー・ジャパン」キャンペーンを通じてです。

さらには昭和四六年（一九七一）、『遠野物語』発刊六〇年を記念した「遠野物語碑」の建設などの動きのなか、昭和四二年以降にスタートしていた遠野市の「トオノピアプラン」が生まれます。このプランは『遠野物語』を中心とする民話を観光の一つの柱と定めたわけですが、それは取りも直さず昔話を含む民話の語り部を必要とするものでした。

五　遠野民話同好会の結成

つぎに「語り部・北川ミユキ」の語りが収集されている稲田浩二監修・遠野民話同好会編『日本の昔話10　遠野の昔話』（日本放送出版協会刊）の話に移ります。遠野民話同好会（以下民話同好会）設立に関する文献資料はありませんので、『広報とおの』と民話同好会設立と活動に参加した柳田三五郎さん（元市職員・遠野の語り部の一人）と多田良城《りょうき》・静子さんご夫妻（良城さんは市職員から市助役を歴任、現在は観光協会長、静子さんは市婦人協議会会長）からの聞き取りを交えながら話を進めます。

まず、昭和四七年（一九七二）三月一日発行『広報とおの』第二七〇号に掲載された民話同好会設立の記事の一部を紹介いたします（原文のまま）。

郷土の民話を大切に

……ちかごろは生活環境が変ってきていることもあって、昔話しをする老人も少なくなっています。そこで、市内の民話の語り手をさがし出し、古老が語る郷土の昔話しをテープレコーダーに録音し、生の声で保存しようという運動が盛り《（ママ）》、民話を研究する会が発足しました。……この会は民話同好会と名づけられ、一月二十日午前十時から市民センターに、市内の民話に関心を寄せる方々が集って、結成の集いが行なわれました。会員はいまのところ三十人です……事務局は市役所商工観光課になっています

（文中、「テープに録音」とありますが見つけることはできませんでした。実際は手書き原稿だったようです＝柳田さん談）

昭和四〇年代前半から醸成された『遠野物語』と昔話等を含めた民話が遠野の大事な文化遺産であり、この遺産を土台に町づくり・村おこしをすすめ、観光施策の柱としようという雰囲気が民話同好会結成につながったことが理解されます。

この記事には会員の具体的氏名はありませんが、会長は先述した福田八郎さんが選ばれております。福田さんは会長として会の運営にあたったと思いますが、柳田さん、多田さんご夫妻に会の活動をお聞きすると、福田さん以外にとても重要な人物が登場してきました。

それは加藤瑞子《かとうみずこ》さんという人物です。加藤さんはご主人の遠野転勤で、昭和四六年に遠野に住むことになりましたが、加藤さんは日本口承文芸協会の会員でした。加藤さんは遠野移住後、すぐに多田静子さんと親交を結ぶことになります。静子さんの夫である良城さんは、当時、市の中堅職員の一人としてトオノピアプラン作成に携わっていました。

さらにタイミングよく、福田さんが会長を務める遠野古文書会のなかに口承文芸に関する組織を作りたいものだという雰囲気があり、この古文書会の中心メンバーがそっくり民話同好会員になっていきます（柳田さん談）。このような雰囲気のなかで加藤さんと出会った多田さんは、当時商工観光課に所属し、民話に関係する組織を作るべく、同課の和田演郎さんに指示し（和田さん談）、和田さんが方々に声をかけ（柳田さん談）、遠野民話同好会が結成が準備されたようです。

また、このとき多田さんご夫妻は知遇を得た加藤さんに働きかけ、加藤さんも口承文芸協会の会員として遠野の昔話をまとめる仕事に意欲を燃やすこととなり、加藤さんはこれまでの経験を土台に積極的に民話同好会活動の中心的役割を果たしていくことになるわけです（多田良城さん談）。加藤さんは昔話を収録すると、よく多田夫人のところでその報告をし、ときには福田会長と待ち合わせをし、収録した話を福田会長にみせ、また福田会長の昔話も収録したようです（多田静子さん談）。

このような活動のなか、以前から福田会長は外から昔話を聞きに来た人々がいると、よくミユキさんのところへつれていき、昔話を聞き、オシラサマを見せてもらうなどしたそうですが（正澄さん談）、民話同好会の活動を通して、当然ミユキさんと加藤さんの出会いがあり、加藤さんはミユキさんが多数の昔話を管理する優秀な語り手であることを知るわけです。

『遠野の昔話』に登場する語り手は五五人、収録総話数は一四六話、ミユキさんの昔話は二四話収録されてますから、全体の一六％にあたります。加藤さんは、遠野を昭和四九年（一九七四）に去りますが、収録した昔話を次の夫の勤務地で整理・編集し、昭和五〇年（一九七五）、『遠野の昔話』発刊にこぎつけることになります。

六　ミユキさんの語りの世界

語り手を語るとき、誰から昔話を聞いたか、そのルーツを明らかにしなければなりませんが、ミユキさんの場合は、主としてそれは養母・イワノさんからのようです。彼女が一三歳のとき、伯母にあたるイワノさん夫妻の養女になったことが、なにかと関係しているのでしょう（正澄さん談）。イワノさんはミユキさんの「語り部」となるもっともな基礎的な素地を作ってくれた人といっていいわけです。

イワノさんは、喜善に昔話を語った辷石谷江嫗《はねいしたにえおう》の生きている時代の人ですし、北川家の長女として山口集落のことをはじめ、いろいろな面に精通していたといわれていますから、昔話の伝承者として存在してもおかしくはないわけです。げんに『聴耳草紙』にはイワノさんの話が一話収録されており、語り手として名前を留めているのです。「一七二番　馬鹿聟噺」の「船乗り（その二一）」がそれです。父・真澄さんの話も「一七一番　和尚と小僧譚」の「小便（その七）」に収録されております。

また、ミユキさんと喜善が親戚関係であることは周知の事実なわけですが、彼女と喜善の接点は彼女自身の言葉で次のように語られております。

初めて出会ったのは十二、三才の時、詳しくは覚えておりません。父の姉と一緒に見に行ったとき、喜善さんは大きな人だったという第一印象です。喜善さんは私の家によく遊びに来ました。娘盛りの私をミツコ、ミツコと言って可愛がってくれましたね。そうそう昔話もよく聞きました。私の昔話の中には喜善さんからしいれたものもあるんですよ。

（前掲『遠野郷先覚者物語』）

この話からすれば、喜善とミユキさんと最初の出会いは、ミユキさんが一二、三歳頃ですから、ちょうど『遠野物語』発刊前後のことになります。また、父・真澄は喜善が村長時代の助役ですから、当然行き来はあったわけです。「しいれたもの」が何であるかはわかりませんが、喜善との関わりはなにかと彼女の語りに自信と影響を与えているのではないでしょうか。

また、彼女は昔話を受け継ぎ語るほかに、昔話で語られていることを追体験的に経験したり、村の民俗行事や習慣にも精通した女性でした。東北学院大学の岩崎敏夫教授が編纂した『東北民俗資料集（四）』（萬葉堂書店）所収の「ザシキワラシ」で、ミユキさんは次のように述べてます。

ザシキワラシは誰も見たことがない。富裕な家にいたが、ある雨の降る日に泥に足跡を残して出て行った。そうしたらその家は衰えたそうだ。

本家でのことだが、座敷にお客さんが来て止まり、眠ったかと思うとフトンを押したり、ゆすったりしてお客さんが眠れなかったことがあったそうだ。それもザシキワラシのいたずらだそうだ。

一つの事実譚として語られているこのザシキワラシのコメントは、実際ミユキさんがザシキワラシの昔話を語るとき、話にリアリティをおびずにはいられないでしょう。そして同書の「女のまつる神々」の項目では、棟上げのときのしきたりをはじめ、「便所神」「山の神」「田の神」「かまの神様」「カギの神様」など昔話に登場する神々をあたかも目の前にいるように採集者に説明しているのです。

そのうえ、父・真澄が肉食をしたため、オシラサマに祟《たた》られた話（『土淵村誌』）や、そのオシラサマを七、八体所蔵し、ミユキさん自身が祀《まつ》るとなると、昔話は彼女の手の内にあるといえるのではないでしょうか。このような環境、経験、村落社会における民俗的行事に精通した人物がミユキさんなのです。

それでは、息子の正澄さんがよく聞いたという「豆っコころころ」（「ねずみ浄土」）を聞いてみます。冒頭にも述べましたが、ミユキさんの音声資料はほとんどありません。唯一といっていいのがこの資料で、レコード録音のものです。ただ貴重な資料なため、貸し出しが多くその過程で保存状態がかなり悪く、聞き取りにくいことをご了承ください。聞き手は俳優の山口崇《やまぐちたかし》さんで、昭和四九年（一九七四）の録音です（録音省略）。

「豆っコころころ」という話の性格上、「物の怪」が「跳梁跋扈《ちょうりょうばっこ》」する雰囲気はありませんが、「もの静かで優雅な響き」（『遠野の昔話』「解説」加藤瑞子）の一端はうかがえたと思います。なにより、ねずみたちに対する愛情がひしひしと伝わってくるようです。また、ねずみたちの歌う歌のメロディーは、ゆったりしたなかにユーモアを感じさせ、ねずみたちの心をミユキさんが代弁しているかのようななんともいえない雰囲気を感じます。

多田夫妻もミユキさんのことを、「なんというか、お人柄のほんわかとした、しっとりとした語り口は魅力のあるおばあちゃんであった」というふうに述べております。柳田三五郎さんは、「ミユキさんの語りはゆったりしていて間があり、聞く人にさまざまな想像をさせる余裕がある」と分析しております。

七　「寒戸の婆」の表現

さて柳田は『民間伝承論』で「昔話は他の言語芸術に見られぬ特殊な存在」といってますが、その「特殊性」とは「昔話には要所々々に特有の型がある。しかし又自由に変化する部分もあって、説話者の手加減を加えることが許される」と述べています。

また、『桃太郎の誕生』では「自由区域」と「不変分子」という言葉を使用し、その領域を定義付けておりますが、「不変分子」とは「要所々々に特有の型」であり、「自由に変化する部分もあって、説話者の手加減を加えることが許される」部分が「自由区域」になるわけです。

この「不変分子」と「自由区域」を念頭におきながら、ミユキさんはどのように自分の話を組み立てたのか、具体的な例を取り上げて考えてみたいと思います。その際、『遠野の昔話』のミユキさんの話のなかから、『遠野物語』に所収されている「寒戸の婆」を取り上げてみたいと思います。

というのは、先述のように遠野市は観光施策の一環として『遠野物語』の世界、そしてそれをより敷衍《ふえん》して、「民話のふるさと」というキャッチフレーズを採用いたしました。「『遠野物語』の世界を期待してやって来た研究者や観光客は、「民話」のなかで、『遠野物語』に似た「昔話」

を聞くことができる」(『遠野の民話と語り部』)といった観光の場で期待された『遠野物語』の話が、ミユキさんによってどう展開したか、みてみたいからです。

「寒戸の婆」は本来事実譚としての世間話なのですが、「話そのものに物語性があるため……殆ど昔話同様に仕立てられている」(『昔話の世界』「第四講」佐藤誠輔)作品の一つで、遠野の語り部のよく語る話になっております。この話をミユキさんはどう語るかみてみましょう。

この話の不変分子は、①は若い娘が突然行方不明になること、②その娘が何年後かに戻って来ること、③そのときの気象状態は「風」が強いことの三つかと思います。このように不変分子をおさえたうえで、柳田、喜善、ミユキの三者がこの話をどう表現しているか、表を比較しながら検討したいと思います(次頁の表参照)。

まず柳田と喜善ですが、柳田は喜善からこの話を聞いてるわけですが、『東奥異聞《とうおういぶん》』のように生々しい事実譚の雰囲気はありません。むしろ文学作品の香りそのものです。また、柳田はこの話を「神隠し」の一つの例証としておりますが、喜善は「不思議な縁女の話」の一部としてこの話を取り上げております。話の性格区分が違っているわけです。喜善におけるこの寒戸の話は、神隠しというよりは、村落社会の生活から別な世界、いわゆる異界へ入っていった「不思議な縁女」の話をテーマにしているように思います。

両者は話の細部でもさまざまな相違があります。事の起こる場所は「寒戸」と「ノボト」、実際ある地名は後者です。喜善は茂助という人名まで出しているわけで、まさに事実譚としてこの話を提示したわけです。老婆の帰って来たときの姿も、爪の先まで描いているわけで極めてリアルな表現になっております。

「寒戸の婆」柳田、喜善、ミユキにおける記述比較表

『遠野物語』(柳田国男)

八 黄昏《タソガレ》に女や子共の家の外に出て居る者はよく神隠しにあふことは他の国々に同じ。松崎村の寒戸《サムド》と云ふ所の民家にて、若き娘梨の樹の下に草履《ザウリ》を脱《ヌ》ぎ置きたるま丶、行方を知らずなり。三十年あまり過ぎたしに、或日親類知音の人々其家に集まてありし処へ、極めて老いさらぼいて其女帰り来たり。如何にして帰って来たかと問へば、人々に逢ひたかりし故帰りしなり。さらば又行かんとて、再び跡を留めず行き失せたり。其日は風の烈しく吹く日なりき。されば遠野郷の人は、今でも風の騒がしき日には、けふはサムトの婆《ババ》が帰って来そうな日なりと云ふ。

『東奥異聞』(佐々木喜善)

不思議な縁女の話

一

生まれながらにして、人間以外の物に、即ち妖怪変化の物の処に縁付くべき約束のもとにあり、其の娘が齢頃になると種々な形式でもって其処に嫁いで行くと言ふやうな口碑伝説がいくらでもある。

―略―

二

岩手県上閉伊郡松崎村字ノボトに茂助と云ふ家がある。昔此の家の娘、秋頃でもあつたか裏の梨の木の下に行き其処に草履を説ぎ置きしまゝに行衛不明になった。然し其の後幾年かの年月を経つてある大嵐の日に其の娘は一人のひどく奇怪な老婆となつて家人に遭ひにやつて来た。其の態姿は全く山婆々のやうで、肌には苔が生い指の爪は二三寸に伸びてをつた。さうして一夜泊りで行つたが其れからは毎年やつて来た。その度毎に大風雨あり一郷ひどく難渋するので、遂には村方からの掛合ひとなり、何とかして其の老婆の来ないやうに封ずるやうにとの厳談であつた。そこで仕方なく茂助の家にては巫子山伏を頼んで、同郡青笹村と自分との村境に一の石塔を建て、、こ、より内には来るなと言ふて封じてしまつた。其の後は其の老婆は来なくなつた。その石塔も大正初年の大洪水の時に流失して今は無いのである。

『遠野の昔話』(北川ミユキ)

むがす、松崎《まつざき》の寒戸《さむど》どいうどごろの百姓家《や》で、ある年《とす》の秋に、若《わげ》え娘っコ、梨《なす》の木《ぎ》の下《すた》さ、履《へ》でら(履いていた)草履《じょり》っコ揃《そ》れで脱えだまんま、えねぐなったど(いなくなったと)。どごさ行ったんべって、たねだど(さがしたと)。すたども絶対《ぜってぇ》わがねがったど(わからなかったと)。それがら三十年もたってある寒《さみ》冬の夕方《ゆまかだ》、その家《え》さ見だごどもねぇよんた婆《ば》さま来たど。すっぱげさ草履っコ履でうすけ汚《きたね》ぇ着物着て、髪ど申せば白髪《しらが》で何時《えず》けずったがわがねよに(櫛を入れたものかわからないような)、もやもやどすて、手の爪ば三寸も伸ばすて、顔《つら》あ垢《あが》で汚くて皺《すわ》だらけで、目玉《まなぐだま》ばりギラギラってだど。ちょうどその百姓家であ、従兄弟《えどごだず》達だの、辺《あだ》りの人達《したず》集《あつ》ばってらったど。すて(そして)、その婆さまあ、戸ガラガラっと明げて「皆《みんな》、久《しさ》しぶりだな」どしぇったど。皆気味悪《わり》がって、「お前《めい》さま誰だ」って聞《き》だど。すたどごろあ、「おれあ、この家の娘で、ずっと昔に、えねぐなった者《もん》だ」どしぇったずがら(言ったので)、良ぐ良ぐ見だば、なるほど、そんなよんたど(そのような気がしたと)。そんで、「お前さま、どっつがら来た」どしぇたら、「六角牛《ろっこうす》の方がら来た」どしぇったどごろ、「お前達《めいたず》に逢ったがら良え。さ、行くべ(帰ろう)」ってがらに、さっと跡方《あどかだ》もねぐ、えなぐなったど。その日あ、大《てぇ》すた風強《つえ》くて、寒日《さみひ》だったず。風の強日《つえひ》あ、寒戸の婆《ばあく》来るんだどよ。ドンドハレ。

特にも柳田における老婆の帰還は、一回性の出来事として述べているのですが、喜善にあっては、それが繰り返され、そのたびごとに大風雨に見舞われるゆえに、村人の提案を受けて老婆がやって来る青笹《あおざさ》と松崎の境界に石塔を建て、老婆の帰ることを阻《こば》んでしまうわけです。この石塔は集落への悪霊とか疫病の侵入を阻止する塞《さい》の神《かみ》の役割を持ったのです。民俗的風習がよく分かる事実譚、世間話としての性格が出ているわけです。

ミユキさんの語りの内容を検討してみましょう。結論的にいえば、ミユキさんはこの話を構成するにあたり、柳田と喜善両方の話を参考にしながら、独自性をもった「寒戸の婆」にしています。話の流れの大枠は、柳田の『遠野物語』がベースです。それは、「寒戸」とか「三十年」という単語の使用と、話の終わり方をみれば分かります。ただ、ミユキさんは、話に現実性をもたせる意味なのか、喜善の描写を借りて老婆の容姿、服装、爪の状態を描いているわけです。

それではミユキさんの独自性はどこにあるのでしょうか。『遠野物語』に出てくる会話体を参考に、三〇年も行方不明の女性が突然帰還したとき、どのような話をするのかを会話文で織り込んでいることです。「皆、久しぶりだな」「お前さま誰だ」と続き、最後に「お前達に逢ったがら良え。さ、行くべ」という言葉で締めくくられる老婆と親族の会話は、帰ることを阻止された「ノボト」の老婆と違い、ミユキさんのこの老婆に対する哀れみとやさしさが滲《にじ》み出てます。まず、この会話文が独自性の一つであると思います。

次に会話文の一つ、「六角牛《ろっこうし》の方がら来た」というフレーズです。喜善は老婆の棲家《すみか》を明示しておりません。青笹村という地名を使い漠然と示しておりますが、ミユキさんは「六角牛」という遠野三山の一つである六角牛山を明確に老婆の棲家としているわけです。ミユキさんがこの話を構成するにあたりこの山の名前を用いたのは、喜善の「青笹村」がヒントなのでしょうが、この山は遠野の人々にとっては、山女の登場する舞台であり、日常生活を営む村落社会と区別された異界の領域です。

ミユキさんが老婆の生活する場を「六角牛」に限定したことは、彼女の遠野郷という世界をよく認識していたがゆえの結果といえるのではないかと思います。ミユキさんはこの話ばかりでなく、他の昔話を語るときでも遠野地方に生きる人々の世界観と風土を念頭に置きながら、遠野の語り部としての主体性と独自性を主張しているように思われます。

八　おわりに

ミユキさんの「語りの世界」は、その出自、家庭や地域の環境を基盤にして育《はぐく》まれ、ミユキさんの遠野郷に対する深い認識力によって形成されていることをみてきました。「語り部」としての歴史的位置付けは、伝承を目的とした伝統的な炉端《ろばた》での語りの時代と、観光施設などで多くの聞き手を目の前に語る現在の語りとの過渡期に位置するように思われますが、遠野郷が語り部を必要としたとき、ミユキさんは自ら蓄積した話力をもってその期待に応え、遠野の「語り部第一号」としての評価を得たわけです。

「女性と昔話」という本ゼミナールのテーマに関して、次の二点をあげておきたいと思います。

まず第一点です。稲田浩二氏は「昔話のおもしろさは付け太郎にある」と語っておりますが、「自由領域」との関わりで「昔話を口移しにそのまま語るのではなく、かれ自身の語りで語るところを強調」（『昔話の語り手』「伝承と語り手」）することのようです。文中の「かれ自身」を「かの、じょ自身」に置き換えると、語り部たる女性にとって、自分自身の語りで昔話・民話を語ることは、昔話をおもしろくし、主体性と独自性の確立につながることを意味します。

語り手として昔話に真っ正面から向き合うとき、女性は少なくとも生き生きとした自分を見出し、生き甲斐を得るように思います。私の周囲に居ります遠野の語り部集団「いろり火の会」の女性たちをみると、その感を深くする次第です。

二点目ですが、広い意味での子育てには、大雑把にいって次の三段階を経過するように思われます。まず「子を抱く」という育児の段階、二番目に規則や社会規範等をしつける少年期の段階、そして最終的には、「親離れ・子離れ」という互いに自立していく青年期の段階です。

育児・子育てのためにたくさんの参考書がありますが、それらの参考書等にもまして、昔話には子育てのヒントがたっぷり含まれております。特にも子どもが人生のさまざまな問題を解決し、自立していく過程をしっかり認識し、見届けることが成人女性、母親として必須のことだとすれば、女性にとって昔話と仲良くすることは極めて大切なことなのだと思っております。

ミユキさん以降、鈴木サツさんをはじめとする遠野郷の語り部の役割や存在意義は、かれら自身の努力と地域の人々、内外の研究者の方々の協力でしっかりと確立され、各観光施設などを中心に新しい語りの世界が形成されつつあります。口承文芸のみならず、各地の民俗文化等の継承・発展等を含む文化活動全体において、女性の役割がますます大きくなっていることを最後に確認し、終わりといたします。

【聞き取り】

・二〇〇七年六月三〇日、北川正澄氏、場所・北川宅、高柳俊郎・大橋進
・二〇〇七年七月六日、柳田三五郎氏、場所・遠野物語研究所、高柳俊郎・大橋進
・二〇〇七年七月二五日、多田良城・静子両氏、場所・多田宅、高柳俊郎・大橋進

【主な参考文献】

・土淵村役場編『土淵村誌』（土淵村、一九五二年）
・佐々木喜善『聴耳草紙』（筑摩書房、一九七二年）
・遠野民話同好会編『日本の昔話10　遠野の昔話』（日本放送出版協会、一九七五年）
・昔話研究懇話会編『昔話の語り手』（三弥井書店、一九八〇年）
・遠野市民センター編『広報とおの縮刷版』（遠野市、一九八二年）
・野村純一編『昔話の語り手』（法政大学出版局、一九八三年）
・柳田国男『民間伝承論』（『柳田国男全集』8、筑摩書房、一九九八年）
・日本昔話学会編『現代語り手論』（法政大学出版局、一九九九年）
・遠野物語研究所編『昔話の世界　その歴史と現代』（遠野物語研究所、二〇〇〇年）
・石井正己『遠野の民話と語り部』（三弥井書店、二〇〇二年）
・石井正己『昔話の伝承と資料に関する総合的研究』（研究成果報告書、二〇〇三年）
・高柳俊郎『柳田国男の遠野紀行』（三弥井書店、二〇〇三年）
・石井正己『佐々木喜善資料の調査と公開に関する基礎的研究』（研究成果報告書、二〇〇七年）

「女性と昔話」のために

石井正己

一　『遠野物語』と昔話の「男女共同参画」

昨年は、「昔話と子ども」をテーマにして、昔話を聞く側に主体を置きました。そして、なぜ子どもに昔話を聞かせなければいけないのかということを考えました。さらに、具体的にどのように聞かせるのかも話題になりました。今回は、どちらかと言えば、昔話を語る主体としての女性や昔話の中で活躍する女性を考えました。こうして過ごしてみますと、「女性と昔話」は、女性や昔話の本質を考えるための、とても大事なテーマであったと思います。

野村敬子さんのお話で、昔話と女性の根源的なつながりが明らかにされました。ただ、子宮の問題について、私のような男性はどう応えていいのか、迷います。

実は、娘の出産のときに、妻を病院まで送ると、看護師さんが、「まだ四、五時間は生まれませんよ」と言うので、一回帰ったら、しばらくのうちに生まれてしまいました。それから二一年が経ちますが、今も妻に、「あなたは、あの時にいなかった」と怒られます（笑い）。

しかし、娘が生まれてから小学校五年生くらいまで、私がお風呂に三〇〇〇回くらいは入れたのではないかと思います。子宮がない代わりに、羊水ならぬ、お風呂で育てたという点では、少し自信があります。娘とのつながりも、今のところなんとかあるようですから、大橋進さんの言うように、これからは子離れをどうするかという時期に来ています。

話を戻しますと、とても大事なのは、『遠野物語』は男性たちが作って、どちらかと言えば、男性たちが読んできたものです。これまで女性の立場からの発言がありませんが、女性の読む『遠野物語』がどんどん出てくるべきでしょう。また、一方では、女性が中心になっている昔話の実践に、男性たちがどう参加できるのかというのも、大きな課題だろうと思います。『遠野物語』や昔話をめぐる「男女共同参画」は、今やっと自覚の時を迎えたように感じます。

今回、正部家《しょうぶけ》ミヤさん、須知ナヨさん、鈴木ワキさん、佐々木イセさん、福島の五十嵐七重さん、宮城の伊藤正子さんの語りを聞きました。こうして具体的な語りを聞くと、「女性と昔話」について考えが深まります。今日の「語りの交流会」では、ご参加の皆様が何らかの形で表現してくださって、このゼミナールは参加者が作っているという実感を持ちました。だから、それぞれで活動するだけでなく、こういう場を共有することがとても大事なのだと思うのです。

しかも、今回は、阿部ヤヱさん、菊池玉さん、菊池栄子さんという、今、語り部として第一線で活躍されている方々がご参加くださいました。語り部といろり火の会が一丸となって、遠野の昔話を考えたわけです。『遠野物語』ばかりではなく、昔話も遠野の大事な財産だということが、改めて認識されるのではないかと感じます。

二　科学万能時代における昔話の意義

最後に、「遠野の語り部・北川ミユキ」のお話がありました。遠野で昔話が発見されてきた歴史と合わせた説明がありましたが、遠野の方々はまだ昔話の本当の価値に気がついていないように感じます。遠野ではそれほど昔話が日常的にあるということなのかもしれませんが、日本でこうして豊かに昔話を伝える場所は他にありません。

去年（二〇〇六）、私の司会で国際シンポジウムを開いたのですけれども、ロシアの先生が、「口承文芸は、お金で買えないほど大事なものだ」と言われたのが印象に残りました。日本は経済優先社会になって、「お金があれば、何でもできる」という考えが蔓延《まんえん》しています。しかし、「昔話は、お金では買えないくらい大事なものだ」というように、価値観を変えてみたいのです。

ミユキさんは、北川家の家娘です。ですから、昨日のお話の続きで言うと、山形県最上《もがみ》地方の姉家督のような位置にあった女性です。大橋さんがお話しになったように、先祖の写真を見ながら語るというのは、家娘が担う「男語り」の世界なのかもしれません。そういうふうにして、昔話や伝説は受け継がれてきたのでしょう。

今回の記録には収録しませんでしたが、最後に触れてくださった『遠野の昔話』の「夫鳥」の話はとても重要です。この話は、コノハズクという鳥の鳴き声を「オットー、オットー」と聞きなす起源を語っています。「小鳥前生譚《ことりぜんしょうたん》」と呼ばれる昔話の一つです。鳥の鳴き声にも物語があって、物語と一緒に鳥の鳴き声を聞いたのです。

しかも、「夫鳥」では、「オットー鳥ぁ里近《さどつか》ぐで鳴ぐど、凶作《がす》だから気付けろどしぇってるじぇ」と戒めます。普段は山奥にいる鳥が里まで出てくるのは、食べ物がないというような理由があるのでしょう。凶作は飢饉を招くということで言えば、命に関わることです。昔の人たちは命に関わる重大なこととして鳥の鳴き声を聞いてきたのです。

佐々木喜善《ささききぜん》の『聴耳草紙《ききみみぞうし》』には、夫鳥と凶作の関係について、「齢寄達《としよりたち》の話に拠ると」という前置きがあります。この話には「(私の稚《いとけな》い記憶、祖母から聴いた話)」とあって、喜善自身の記憶であり、『遠野物語』五一話とも重なります。しかし、こうした感覚を持つことは、喜善が幼い頃、具体的には明治時代中頃でも、すでに年寄りたちの話になっていたようです。五一話にその記述がないのは、すでに喜善自身の感覚でなくなっていたことと関係するはずです。

そうした実感がなくなるのは、近代科学が発達して、天気の予報と凶作の克服が可能になってきたからでしょう。科学的な思考はもちろん大事ですが、昔話には自然と向き合う身体感覚があって、それが生き死にを左右したのです。今、科学万能主義とも言える時代を迎えているからこそ、こうした感覚は昔話から学ぶべき大事な教訓ではないかと思います。

あるいは、東京には地震がありますし、三陸海岸ならば津波があります。こうした天災は、そこに住む人だけでなく、そこを訪ねる人も出会うわけですから、誰にも起こり得《う》るものです。しかし、そうした自覚は十分ではありません。昔話とのつながりで言えば、心配なのは地震や津波そのものではなく、そうした経験が現在に伝わっていないことでしょう。ささやかな昔話ですが、「夫鳥」は大きな課題を提供しているように思います。

三　国際化社会と外国人花嫁の民話

柳田国男《やなぎたくにお》や関敬吾《せきけいご》は、「昔話はやがてなくなるので、その前に記録しておこう」と言いました。けれども、遠野では四〇年前から、ミユキさんにしても、鈴木サツさんにしても、昔話を語り継いでいこうという活動が始まりました。これは男性たちの民俗学を大きく越えています。女性たちはとにかく語り継いでいくことを選択したのです。

また、男性たちは、昔話集を作ることも止めています。珍しい話は見つからなくなったからでしょう。しかし、女性たちは昔話集を作ることを止めません。研究の材料になればいいという考えではなく、昔話はとっても大事なものだから語り継いでいこうという認識と、深く関わっているように思われます。

そうした活動と一体に進んできたのが遠野の町づくりです。また、今年から小学校で定期的に昔話を語るようになりました。町づくりや教育という、新しい場で昔話の力が発揮されています。さらに、そうした理解が浸透して、昔話が家庭に戻り、お父さんお母さんが子どもに昔話を語り聞かせてくださるといいと思います。確かに昔話を語った囲炉裏《いろり》はなくなりましたが、昔話をなくしてはいけない、という願いがこのゼミナールにはあります。

昨日の野村さんの講演ではほとんど触れられませんでしたが、この一〇年あまりの大きな研究と活動に、アジアの女性たちの民話があります。野村さん企画責任編集で星の環会から発行された「アジア心の民話」シリーズは、国際化社会の現実と向き合う民話集を提示してあり、学ぶことの多い六冊です。

第一冊は、フィリピンから山形県へ来た須藤オリーブさんの民話集です。オリーブさんは農家の嫁不足を補うために迎えられた外国人花嫁でした。野村さんの出身地である山形県は一挙に国際化時代を迎えたわけです。オリーブさんはフィリピンの民話を大蔵村の言葉でつづっています。

その中に、「ピンドン」があります。ピンドンという少年は友達にいじめられ、森に入って、仙人のおじいさんやタマラウという山の牛に助けを求めますが、タマラウは、「ピンドンが、いじめられてもがんばって。大事な心を自分から取ってすまってはだめだぞ。まっすぐ頭をあげて、バナナの木みたいに、どんなにいじめられても、心の蕾《つぼみ》ば大事にしてな。取ってはだめだぞ」と言います。昔話にはいじめに対する智恵があって、「心の蕾」が大事だと教えてくれるのです。彼は森に入って、勇気を持った少年に生まれ変わります。

いじめと言えば、日本には「お月お星」「粟福米福《あわぶくこめぶく》」、ヨーロッパには「シンデレラ」など、「継子《ままこ》いじめ」の話が世界中にあります。なぜこうした話があるのかと言えば、それは人間の本質的な問題だからです。ですから、「いじめ対策」など簡単にできるわけはありません。人間のおぞましさと向き合わないかぎり、いじめは解決しません。

しかし、昔話を切り捨ててしまったときに、いじめと向き合えなくなっていくのです。子どもたちにこういった話を語り継いでいたら、いじめる子もいじめられる子も、いじめと向き合う認識力が育つはずです。だから、人類が伝えてきた昔話は古くさいものではなく、今の社会に必要なものだと思うのです。

四　人類の遺産・昔話の持つ普遍性

野村さんのお話もそうでしたけれども、国家や民族、言語、宗教といったものを越えて、昔話は人類が抱えてきた共通の財産です。しかも、昔話の世界というのは、昨日お話ししましたように、人間と動物と神様が非常に近いのです。人間が生き物であるという、根源的なところにまでさかのぼって、その生き方を考えさせてくれるのだと思います。そうした機能があるので、昔話はとても大事な財産なのです。

そうした昔話を語った語り手には男性も女性もいたわけですが、特に女性との関係が深いということを考えました。実際、昔話に登場する女性の姿にも、その根源的な本性が現れていることは、昨日もお話ししたとおりです。残された課題も多くありますが、これで解決したいと思っているわけではありません。むしろ、何が問題で、これからどう歩んでいくのか、みんなでそういうことを考えようという試みでした。

私は男性ですので、こういうテーマを企画するのは腰砕けのところがあるかもしれません。しかし、こうした課題は女性が声を高くして言っている段階を越えなければなりません。女性が自らを知ることはもちろん大切ですが、むしろ、やっぱり学ぶべきは男性たちだということを改めて認識しました。

こういう昔話をめぐる歩みは、今、二年目に来ました。政治改革ではありませんが（笑い）、この歩みを止めずに育てていきたいと思うのです。遠野のみなさんにはご負担をおかけしますけれども、こういった試みが遠野の財産になり、さらに日本の財産になり、やがて人類の財産になるでしょう。そうしたら、日本が世界に誇れる大きな力になるのではないかと思います。

ついこの間も、日本口承文芸学会の例会で、「アイヌ・女性・口承文芸」のシンポジウムをしました。その時に、アイヌ、女性、口承文芸のそれぞれは弱い存在かもしれないが、現代社会を再生する力はそうしたところにあるはずで、アイヌの問題にしても北海道だけではなく、普遍的に考えるべきだろう、と述べました。

アイヌは狩猟採集をし、神や動物を敬いながら一緒に生きてきました。それをエコロジーという言葉で認識するのもかまいませんが、きちんと学びを深めていって、そこからもう一度考え直してみたいという思いがあったのです。昔話を大事にするのと同じように、日本で言えば、一人一人がアイヌの世界を大切に考えるべきでしょう。

今、人類の起源をめぐる遺伝子的な分析はずいぶん進んでいます。民族の定義さえ、やがて後発的なものとして揺らぐにちがいありません。東北人には縄文時代以来の遺伝子が強く残っているでしょうし、私にもあるだろうと思うのです。つまり、アイヌは「私たちの問題」であるという認識が必要でしょう。東北人はもちろん、日本人はそのことに誇りを持って考えていけるようになればいいのではないかと思います。

最後は少し話題が逸れ、しかも長い話になりましたけれども、昨日、申し足りなかったと感じたことをお話ししました。また来年もお仲間を誘って来てくださり、遠野の方々もここへ集まって、みんなで昔話を考えたいと思います。二日間にわたりほんとうにありがとうございました。(拍手)

第二部

昔話と女性に寄せて

囲炉裏を囲んで、むかしばなしを語る鈴木サツさん(中央)
(工藤紘一編『遠野むかしばなし』より:浦田穂一氏撮影)

『かさこじぞう』の誕生

岩崎京子

一　地蔵さまとの出会い

『かさこじぞう』を書いたのは昭和四二年（一九六七）でした。近くに民話作家の大川悦生《おおかわえっせい》さんが越してこられ、私たちの町（世田谷区烏山）も文化的になりました。私たちは大川さんのおすすめで、文庫という形の読書運動をはじめましたし、民話について目をひらいたのも、思えば大川さんのおかげでした。

ポプラ社の「むかしむかし絵本」の監修者だった大川さんから、

「あんたも書いてみない？」

といわれました。民話にはじめて向き合ったばかりの私にですよ。

「何を書いてもいいから」

その時ふっと頭に浮かんだのは、幼な友だちの地蔵さまでした。

私は、生まれたのは巣鴨（豊島区）でしたが、学齢直前に世田谷区経堂、当時は東京府下荏原《えばら》郡経堂在家という地番でしたが、にひっこしました。

小田急電鉄経堂駅の裏に福昌寺というお寺がありました。そこは地区のみんなの集まる所でした。おじいさん、おばあさんは月一回御住職から地獄極楽の法話を聞きに行き、お父さんは町の相談もお寺でし、お母さんは婦人会、若者たちは青年会、子どもは日曜学校でした。そこに行かない子も境内で遊びました。つまり福昌寺はコミュニティセンターでした。

境内の広い所は男の子が占拠し、野球やドッジボール、陣取りをし、女の子やこまかいのは「邪魔だ、邪魔だ」と追い払われました。

そこで私たちは山門から本堂に行く石だたみで遊びました。おはじき、お手玉、まりつき、なわとび……。

その横で六人の地蔵さまがにこにこ見ていました。私たちはその地蔵さまにすっかりなついて、一緒に遊びに入ってもらいました。

例えばなわとびのお持ちをして、といっても地蔵さまの首にゴムひもをひっかけただけですが。本来地蔵さまは慈愛とかやさしさの典型で、それも高い所から手をさしのべているお釈迦さまとか観音さまではなく、人間と同じ地面にいて、一緒に歩き、後ろから肩を押したり荷物を持ってくれる存在です。それにお姿が童形であるという事も、子どもたちにとって親近感を持つのでしょう。

私は福昌寺の地蔵さまが忘れられず、大川さんに聞きました。

「地蔵さまの話でいいですか?」

もっとも『かさこじぞう』は、中世にはやった地蔵信仰の説話で、そのテーマというかメッセージは、

「いい事をすれば、報いがある」

です。

そういう教訓が出てくると、子どもはしらけていくでしょう。語る側としても、道徳の教材ではないと、抵抗があるでしょう。

『かさこじぞう』の地蔵さまは私の幼な友だちのキャラクターとは違っていますが、私はあえて、あの友だちを据えて、話づくりをし、語らせてもらいました。

じいさまが野っ原まで来ると、地蔵さまが雪にうもれているのです。私たちだって、もし福昌寺の地蔵さまの肩や頭に雪がつもっていたら、「つめたかったでしょ」と、払い落としたでしょう。

よく二年生の国語の教室の見学をさせてもらいますが、子どもたちに質問されます。

「石なのに、つめたいも何もないのでは？」

それどころか、

「なぜ石の地蔵さまが動くの？　そりにのせたお米とかだいこんはどこからか持ってくるんですか？」

私は仲よしの地蔵さまの話をしました。

「一緒に遊んでくれたんですよ」

でも、この答え、説得力がありませんね。

子どもの疑問も間違っていません。今の子どもたちって、科学的に追求して来ます。あいまいは許されません。

見えないものは「ない」と思っています。

やはり「ある」という事も、異次元の事もいいたいし、「ふしぎ」に感動してイメージをひろげる感性もやしなってあげたい。

二　じいさまとばあさま

ここではじいさまの思いやり、他人《ひと》のつらさのわかるやさしさをとりあげました。思いやりって人とのつき合いの基本ではないかと思ったのです。

子どもたちはそこはわかってくれました。

雨の日、かさのない子がいたら、

「入っていかない？」

とさそうでしょう。さそわれた友だちはその親切を忘れないと思います。そしてかさにさそってくれた人にお返しをするのでは？　お返しがその友だちでなくても、ほかに困ってる子がいたら、手をさしのべるでしょう。

じいさまのやさしさって、本来人間が持っているものです。それにじいさまにとっても地蔵さまは石ではありません。心をもった仲間なのでは？

むずかしいのは、ばあさまのやさしさかもしれません。

『かさこじぞう』にはやさしいばあさまに登場してもらいました。

じいさまはせっかく作ったかさを、それはばあさまも力をかしているのです。なんとかおもちを調達したくて作ったのに、じいさまは売る努力を途中で放棄して、他人（といっても地蔵さまですが）にやってしまいます。

それをばあさまは怒りませんでした。

　ばあさまは思いやりを越えたゆるしではないでしょうか。

『かさこじぞう』を読んだ方から「このばあさまはくさい」といわれました。こういうばあさまはいないのでは？　作りものだという批判でした。

　民話のばあさまというと、慾ばりで、いじわるで、おっかなくて。鬼婆とか山姥といわれたりもします。

「ばあさまがわるい」

と、みんながいうから、余計ばあさまの心はまがってくるのではありませんか？

「こういう女に誰がした」

と居直りたくもなります。

　そういう原話もありました。

　栃木県に残る話は、深夜、そりをひいて来るじぞうさまの歌は、

　　「ばばの心は悪けれど
　　　じじの心のよいままに
　　　　うんとこしょ　どっこいしょ」

というのです。そうあからさまに「ばばの心は悪い」ということはないではありませんか。

　ばあさまが「ふん」というのもわかります。

　山梨の場合、じいさまはかさが足らなくて、かぶせられなかった地蔵さまをしょって帰って来ました。うちではいろりに火をおこし、鍋を用意し、待っていたのに（じいさまでなくてもちとい

う説もありますが）、もちどころかそのもちをたべる口までしょってくるので、ばあさまはがっかりして不貞寝《ふてね》してしまいます。

これもリアルな表現で、そういうばあさまも確かにいます。

三 そして私は――

じつは私はそのばあさま的な人間です。私のまわりにいる人たち、妹、それから文庫のスタッフたちは、みんな夫の味方です。

ある日文庫のまっさいちゅう、夫が早帰りして来ました。文庫の日はいつもゆっくり帰る事になっていました。文庫のスタッフにあいさつするのが恥ずかしいからです。多分うっかりしていたのでしょう。玄関から入らずこそこそ裏口から入って来ました。

「おじさん、かわいそう」

六年生の女の子がいいました。

「どうして？」

「おばさん、『お帰りなさい』っていわなかった」

「そ、それはあなたたちがいたからよ。あなたのお母さんだったらどうする？」

「『お帰りなさい』といって、お茶と新聞出す」

という具合に、私は公認いじわるばあさんです。自分もみとめています。明日こそいいおばあさんになろうと決心しますが。

思い出しました。私の母こそが、他人を思いやる人でした。

じつは父がある日突然会社を止めました。

「自分で会社を作る」

といったと思います。その辺の事情は小学一年生の私にはわかりません。もしかすると止めさせられたのかも。

昭和のはじめの不景気の頃でした。資本のない父に会社を設立できるとは思えません。

毎朝父は背広を着て出かけ、夕方帰ってくるという、それまでの生活は変らないので、子どもたちは何も気づきません。

でもある晩、両親がひそひそ話している声を長女の私は聞いてしまいました。「何かある」。私は眠れなくなりました。

つぎの夜だったと思いますが、私はトイレにいこうと起きました。母は茶の間で手紙を書いていました。ふり向いた母は目が赤くはれ、泣いていたからです。

私はトイレどころじゃなくなり、いそいでねどこにもぐりこみました。

翌朝、茶の間の屑《くず》かごの中のまるめた便箋を拾うと、そこではこわくて拡《ひろ》げられず、外に出てひらいてみると、

「貸してください」

とありました。あとは涙のしみ。何を貸してくださいなのかわかりませんが、察しはつきます。多分の母の妹へ宛《あ》てたものだったのでしょう。

「ねえ、何があったの？」

と母に聞きたいけど、こわくて聞けません。

「何でもないのよ」

というにきまっているでしょうね。

暮れ、父がにこにこして、母に、

「金策に行って来る」

といいました。私たちには、

「帰りにみかん買ってくるね。お正月の赤い鼻緒の下駄を買ってくる」

といいました。金策って何の事かわかりませんが、見当はつきます。多分駄目だろうなという事も。それでもにこにこして、みかんや赤い鼻緒の下駄を買ってくるといってたから当てはあるんだろうと思いました。

東京の歳末って、昼間は陽ざしいっぱいの小春日和ですが、陽が落ちると、とたんにさっと冷えて来ます。木枯らしなど吹いてくるのです。

父は帰って来ません。私はオーバーの裾《すそ》を風にあおられ、背をまるめて歩いている父の姿が浮かんで来ます。金策などできなかったのでしょう。

「早く帰って来て」

私は心の中で叫んでいました。母も同じだったでしょう。

おもちを持って帰れなかったじいさまのつらさをばあさまは本人以上にわかっていたと思います。母と同じように。私はばあさまに事よせて母を描きました。

四　教科書にのせられて

はじめは副読本に使ってもらいました。そして教科書に採用されました。絵本が出てから一〇年くらいたっていました。

教科書って大変ですね。まず編集委員の先生方がこわかったです。

「二年生にじいさまことば、むかしことば、地方ことばはむずかしい。標準語に直してくれ」といわれました。私は方言が好きでした。地方地方の民俗学的な資料だと思い、かたりも方言に頼りました。いろりとかすげがさと同じくらい話がふくらむのです。

この作品は会津をイメージしましたが、私は正確な会津弁は使えませんし、わかりません。他県の読者にもわからないでしょう。会津の方も細かいニュアンスの違いがあって、不愉快でしょう。そこで語尾だけいなかことば、じいさまのことばにする民話方言という事にしました。

つぎに「先生こわい」でした。研究授業によんでいただきましたが、

「清貧に甘んじる老夫婦が、そりのかけ声の『じさまの家はどこだ』に、『ここだ　ここだ』とのり出すのはおかしい」

「寒夜、お湯をのんだだけでは栄養失調で倒れる。地蔵さまのそりは死後の夢でしょう」

子どもたちも中々するどいです。前述しましたが、石の地蔵がなぜ動くとか、

「お米はどこから持ってくるんですか？　うちは米屋だけど、じいさまの番地がわかれば宅送する」

という子もいて、壇上で最敬礼しました。

自民党の教科書攻撃もこわかったです。一九八〇年の事です。「貧乏物語は教科書に必要ない」という事でした。

その時はみんなが応援してくれました。今も残っているのは、みなさんのおかげです。

もうひとつ、「夫こわい」です。

夫は理科教員です。国語についていわなくてもいいと思うのですが、

「理科も社会も算数も、国語で習う。だからその国語の教科書にいい加減な児童文学がのるのは困る」

やっと市民権を得て国語の教科書にのったのに、身内が足をひっぱるとは。私は抵抗しました。

実は大変だったのは文章の直しの事ですが、編集の段階でいろいろチェックがありました。

いちいちもっともなので、いわれた通り直しましたが、他の会社の編集委員の先生から、

「なぜ、直した」

と叱《しか》られました。

こういう次第で、同じ作者の同じ教材なのに、三五か所も違ってしまいました。その社、その社の編集方針で、句読点から漢字転用までふくめてですが。

おかしいというのは皆わかっているんです。

ただただ私の主体性のなさなんですが、気がついて、決定稿を作り、各社廻りましたが勿論通りません。

これは時間の問題で、今は各社の教科書が同じになっています。

『ペロー童話集』と昔話の語り手

新倉　朗子

一　がちょうおばさんの話

今回のゼミナールは「女性と昔話」がテーマなので、フランスの昔話の語り手について知りうる範囲で書いてみることにします。フランスで最初に世に出た昔話集は『ペロー童話集』ですが、今から三百年前にどのようにして口伝えの昔話が文字に印刷されたのかは、想像するだけでもおおいに興味をそそられます。

かぼちゃの馬車にのって舞踏会へでかけ、ガラスの靴を残してくるシンデレラの話を知らない人はおそらくいないでしょう。子どもの頃からさまざまな絵本やお話の本をとおして、あるいはオペラやアニメの映画などによって、知らず知らずに親しんできた話の一つですから。しかしこの話を書いたのが、フランスのシャルル・ペローだということは、それほど知られていないかもしれません。少なくとも、赤頭巾《あかずきん》といえばグリムを思い浮かべるようにはいかないようです。

ペローは、シンデレラ（原題は「サンドリヨン、または小さなガラスの靴」）のほか、「青髭《あおひげ》」、「長靴をはいた猫」、「親指小僧」、「眠れる森の美女」などよく知られた話を含む一一話を一六九七年に一巻にまとめて出版しました。そのときのタイトルは『過ぎし昔の物語ならびに教

1697 年度の口絵

訓』でした。そしてこの本の口絵には、三人の子どもを前に、糸を紡ぎながらお話を語る老婆が描かれており、壁には「がちょうおばさんのお話」（コント　ドゥ　マメール　ロワ）と書かれた額がかかっています。これがいわばもう一つのタイトルとしてのちに英訳版の際に用いられて広まりました。英訳版では「マザーグースの話」です。これに先立ち、今世紀に発見された飾り文字による手書きの本があって、一六九五年にルイ一四世の姪《めい》に捧げられていますが、そのタイトルも「がちょうおばさんの話」でした。この本は、作者名を伏せていることもあり、昔話の無名性を意識したタイトルといえましょう。祖母から母へと代々語り継がれた昔話を指す言葉として、フランスでは「がちょうおばさんの話」、「老婆の話」、あるいは「ろばの皮の話」などが使われてきました。序文の中でペローは、「先祖から伝わる昔話は、家庭教師や祖母たちの口から、毎日子どもたちに語られている話」だと表現しています。

二　伝承の昔話との関係

『童話集』に収められた話を書くにあたり、それらの話が口伝えで代々語られてきたことをペローはじゅうぶんに意識していたことを口絵や序文は示していますし、田舎の炉辺ばかりではなく、都会の子どもは暖炉の前で、母親の代わりに乳母《うば》や家庭教師から話を聞いたこともあった様子を伝えています。家族以外に一つ屋根の下で暮らしていた人たちは、それぞれの出身地の伝承の運び手だったかもしれません。

『グリム童話集』は、一八一二年に初版が出版されていますから、ペローより百年以上隔たりがあるわけです。幸い、近年の研究の結果、グリム兄弟に多くの昔話を語った情報の提供者が明らかになりました。長い間、土の香りのする炉辺の語りと思われていたのが、意外にも教養ある家庭のユグノーの移民を先祖とする女性たちが、その中心的存在であったことがわかりました。ペローの場合は残念ながらはっきりしたことはわかっていません。三百年以上という時間の経過を考えれば、おそらく今後も新しい事実が発見されることは難しいでしょう。推測するしかないわけですが、『童話集』執筆当時のペローの状況から、どのようにして口伝えの昔話に耳を傾けるにいたったのか考えてみることにします。

三　母親に代わって

ペローは晩婚で、四四歳で結婚しましたが、若い妻は立て続けの出産がたたり、結婚生活六年後に亡くなります。五〇歳のペローは、三歳の長男をはじめ、二歳の次男、生まれたばかりの三男のほか、長女をふくむ四人の子どもたちと後に残されます。乳飲み子の世話をする乳母や、料理をはじめ子守や家事をする女たちが住み込んでいなくてはやっていけません。手伝いの女たちは、結婚するときに妻が実家のある地方から連れてきた者もいたでしょうし、ゆかりのある土地の者もいたでしょう。幼い子どもたちの世話をしながら、女たちは自分の育った土地に伝わる昔話を語っては聞かせなかったでしょうか?

ところで妻と死別したこの頃、ペローは社会的にも失意の時を迎えます。ルイ一四世の宮廷で宰相コルベールに引き立てられ、若くして建築総監の要職につき、アカデミーの高官としても活躍しますが、コルベールの死とともに引退せざるをえなくなり、暇のできたペローは、幼い子どもたちの教育に専心しようと、住まいを学校街の近くに引越します。自叙伝『回想録』のなかで、子どものころに母親からお話を聞いた思い出を懐かしんでいますが、妻亡きあとは、母をなくした子どもたちに惜しみない愛情を注ぎ、お話を語ったり勉強を見てあげたりしたものと思われます。一六九五年の手稿本では、「赤頭巾」の最後の場面で、狼が「お前を食べるためさ」という箇所に、「このせりふは大きな声で、あたかも狼が食べちゃうぞと子どもを怖がらせるように唱える」と欄外に注をつけています。実際に語り聞かせの経験かどうかは別として、少なくとも誰かが語る場に居合わせて、聞き手の反応を見ていた視線が感じとれるのではないでしょうか。

四　女流作家レリティエの役割

ここで注目されるのは、ペロー家の近くに住み、しばしば出入りしていたという姪（あるいは従妹《いとこ》）のレリティエ嬢の存在です。おそらく子どもたちの教育の手伝いもしたらしいこの女性は、週に二度文学サロンを開くほどの才媛《さいえん》で、折から流行していた妖精物語の作家でした。妖精物語の素材になったのは昔話で、サロンに集まる女流作家たちはそれぞれが聞き書きした話を持ち寄ってノートを回覧したようです。自分の書く話は、何回となく繰り返し乳母から聞いた話を元にしているとレリティエは記しています。昔話を素材としながらも延々と引き伸ばし、恋愛劇に仕立てて書くのが当時の流行でしたが、レリティエの作品集には数種の本格昔話の話型をみとめることができますし、細部の描写には、田舎の農家の暮らしを思わせる部分が残っています。たとえばある話では、ヒロインが人形を作る場面で、藁《わら》と豚の膀胱《ぼうこう》、夕食に食べた動物の腸などが材料として登場します。レリティエの父母は北フランスのノルマンディ出身でしたから、レリティエ家で昔話を語った乳母がその土地のゆかりの者であった可能性はおおいにありえるので、北西フランスの伝承の特徴がみられるとなれば興味深いことといえましょう。

ペローとレリティエが、ほぼ同じ時期に同じ昔話をとりあげていることも注目されます。ペローの「仙女たち」（グリムでは「ホレおばさん」）は八〇行ほどの短い話ですが、レリティエでは短編小説に仕上がっています。二つの作品を比べてみると、特徴あるモチーフのいくつかが共通しており、元の話は同じものであろうと推測されます（注1）。すなわち、二人は同じ昔話を聞く機会があったわけで、このほかにもレリティエが乳母から聞いた話を子どもたちに語ったりして、ペローに伝わっていたのではないかと考えられます。また、序文の終わりでペローが、「ろばの皮」の原稿に対して寄せたレリティエの感想を引用しているのは、未刊の段階で原稿を見せるほど関心が共通していたことを示しています。

五　一九世紀の語り手

『がちょうおばさんの話』というもう一つのタイトルが示すように、男性の作家の手で書かれたこの昔話集の陰には、大昔からの語り手であり、担い手であった女性たちの存在が見えるのですが、近代になって語り手の情報が記録されるようになると、職業的語り手ともいえる、豊富なレパートリーを持つ語り手が登場します。もちろん、優れた語りの名手として名を残した男性の語り手もいましたが、ここでは代表的な二人の女性語り手を紹介してみましょう。

フランスの西に突き出したブルターニュ半島の西半分は、長い間ブルトン語が話され、ケルト文化の流れを汲むフォークロアの豊かな地域として知られます。この地域で一九世紀の後半にF．M．リュゼルはたくさんの昔話を収集して出版しました。リュゼルに語りを伝えた人たちの中に、マルグリット・フィリップとバルバ・タッセルいう女性の語り手がいました。リュゼルは『バス・ブルターニュの昔話』序文の中で、この二人で地域の口頭伝承のほぼ完全なレパートリーを備えていると記しています。

バルバ・タッセルは、リュゼルが子どもの頃に聞いた懐かしい話を忠実な記憶力で再現してみせました。郵便局の電報配達や、役場の召喚状の配達を引き受けて、七〇歳を過ぎた高齢にもかかわらず、絶えず歩き回っていて、一杯振る舞われれば喜んで民謡を歌ったり、本格昔話を語ったりしました。

マルグリット・フィリップは糸紡ぎで生計を立てるほか、頼まれの代理巡礼を引き受けていたので、始終あちこち歩き回り、病人の代わりに聖者を祀《まつ》る礼拝堂へ赴き治癒を祈ったり、家畜のためにも祈ったりして、霊験あらたかな泉水を汲んできたりしていました。そして行く先々でいつもその地の伝説や民謡や昔話を聞いては覚えたそうです。文字を書いたり読んだりすることはできなくて、ブルトン語しか話しませんでしたが、驚くほどの記憶力に恵まれていました。ラニオンとトレギエ地方の伝承はほぼ完璧に身につけていたといいます。

リュゼルは三巻からなる『バス・ブルターニュの昔話』を一八八七年に出版しましたが、全部で七九話あるうち、二人の語り手による話が二八話あり、全体の三分の一以上を占めています。聞き書きは一八六〇年代の後半から七〇年代前半にかけて行われました。そのうちのいくつかは翻訳されていますので、「これはむかし、めんどりに歯があったころのはなし」などの発句で始まるたっぷりとした語りの妙味を実際に味わってみることができるでしょう（注2）。

また、ほぼ同時に出版された『バス・ブルターニュのキリスト教伝説』二巻にも二人による話は二六話が採用されています。フランスで昔話の収集や研究が本格化した一九世紀末には、ポール・セビヨやエマニュエル・コスカンの大部な昔話集が刊行された昔話研究の第一次黄金期ともいえるのですが、それらいずれの集成にも語り手に関する情報の記録が残されなかったことを考えると、同時期のリュゼルによる情報はきわめて貴重なものといえるでしょう。

『がちょうおばさんの話』の時代からずっと昔話の伝承を担う女性の役割は途切れることなく続いてきたようです。ペローは「ろばの皮」の終わりにつけた教訓のなかで、「(この)物語は信じられぬような話ですが、この世に子どもたちがいるかぎり、母親や祖母がいるかぎり、忘れられずに伝わることでしょう」と記しました。

(注1) 拙稿「昔話と文学―ペローの「仙女たち」を読む」、『現代伝説　昔話―研究と資料―24号』三弥井書店

(注2) バルバ・タッセルの語りの翻訳。「馬男」ちくま文庫『ふしぎな愛の物語』、「粉ひきと領主」岩波文庫『フランス民話集』、「鍋男」社会思想社教養文庫『フランス妖精民話集』、「悪魔の三本の金のあごひげ」日本民話の会『三つの質問をあずかる旅』、ほか。
マルグリット・フィリップの語りの翻訳。「猫と二人の魔女」前掲ちくま文庫、「信義の人イワン・ケルメヌー」前掲『フランス妖精民話集』、「トロンコレーヌ王女」小峰書店『美しいユーラリ』、ほか。

昔話を集める楽しみ

高橋　貞子

一　はじめに

石井先生からいただきましたテーマ「昔話を集める楽しみ」は、私をおどろかせました。こういう視点もあったのか。私自身にとってとても新しい発見でした。

昔話の蒐集《しゅうしゅう》については、ただ、ただ難行苦行の来《こ》し方《かた》ばかり思い出しておりましたが、結局は、私自身も楽しみながら集めていたのですね。

その証拠に、このような無理な暮らし方をしていては、将来は、大病をするか、早死をするだろうと覚悟をしていた私が、こうしてめでたくも八一歳の健康体を保っているのですから――。そして、今は「昔話を集める楽しみ」を、「昔話を集めたよろこび」に変えてしまっているのです。ありがたいことと言わねばなりません。

私の日常の暮らしのなかで、何か難問を解決できたとき、誰方かが私を助けてくださっていると、確信することが、たびたびあります。誰方だろうと考えてみると、いつも、にこにこと、私に昔話を聞かせてくださった話者たちの笑顔と声が、よみがえるのです。

たしかに私は、彼岸に旅立たれて遠くへ去った昔話の話者たちから、身ほとりを守られて今があるのだろうと実感できます。現世にあられたころの話者たちと、自然を共有しているからでしょうか。

祖先たちの語り継いできた昔話には、その一話一話に、祖霊の祈りとねがいが込められているのでしょう。昔話を語り継ぐことも、昔話を消してはならないと守ることも、祖先たちのいのちを継承することではないでしょうか。

私は、二〇代にはじめて母親になったときから、自分の時間を無理矢理見付けるようにして、地もとの昔話を集めてきました。その結果、

『火っこをたんもうれ』昭和五二年（一九七七）刊
『まわりまわりのめんどすこ』昭和五三年（一九七八）刊
『昔なむし』平成三年（一九九一）刊
『白蕪っ子』平成一三年（二〇〇三）刊
『河童を見た人びと』平成八年（一九九六）刊
『増補新版　河童を見た人びと』平成一三年刊
『座敷わらしを見た人びと』平成一三年刊

を、刊行することができました。

これらはすべて私が五〇歳になってからの刊行となりました。なぜ五〇歳になってからだったかを、書かせていただきます。それは、当時の女の美徳をおしえ込まれていた妻であり、母であり、加えて大家族の商店の主婦だったからにほかありません。

昔話の刊行に際しては、盛岡の童話作家平野直《ひらのただし》先生、直木賞作家の森荘已池《もりそういち》先生、日本民話

の会松谷みよ子先生。河童と座敷わらしに付いては、國學院大學教授野村純一先生に、たいへんお力添えをいただきました。

ほんとうに有難いご縁だったと、しみじみと思い起こしております。また、話者たちとの出遭いに恵まれて、より深くふるさとを探ることができました。

その一つひとつは、私にとってかけがえのない感動を与えてくれました。昔話を集めることは、感動を重ねる歳月でもありました。この感動こそ、「昔話を集める楽しみ」の原動力だったのでしょう。

二　火っこをたんもうれ

私が育ったころのわが家は、家族一人ひとりが、昔話の語り手でした。まず、父と、一六歳年長の父の姉ですが、父と伯母の語りは、寸分違わず同じでした。

幼い私は、そのことに気が付いて、「父と伯母は、同じ家に育ったきょうだいなんだ」と、改めておどろいたものです。この二人は、私たちに「昔話を聞く作法」を躾《しつけ》ました。

「昔話を聞くときは、あどを打ちながら聞き申すものだ。これは語り手に対する礼儀なのだよ」と、おしえました。

あどを打つとは、合槌《あいづち》として、「はあ」「はあ」と、ひと区切りごとに敬語で返事をすることでした。私たちは、あどを打ちながら聞いているうちに、上まぶたと下まぶたが仲よくなって、すこんと寝入るまで、昔話の世界に心を遊ばせていたものです。

母に抱かれた私
大正15年9月16日生後21日目

それは、安心感と幸福感に包まれたひとときでした。母と母方の祖母は、父と伯母とはぜんぜん違う昔話でした。祖母は何百かの昔話を記憶していて、次からつぎと語るので、母は感服していました。

母方の祖母の生家にオシラ神が祭られていました。祭日には、庭に臼《うす》を据え直して、腰に荒縄を巻いた男たちが、オシラもちを搗《つ》く習慣がありました。この日、祖母は生家に戻って、集まってきた子どもたちに一日中、昔話を聞かせていたそうです。

わが家にくる伯母と、母方の祖母は、何日間か逗留《とうりゅう》する「泊まりう人《と》」でした。嬉しそうに遠くのほうから、

「泊まりう人が来ましたよ——」

と、叫んでいました。

夜になると、私たちは決まって小さな枕を寄せ合って昔話を聞きました。こんなとき、肉親たちの語る昔話のなかに、「火っこをたんもうれ」という言葉があったのです。

心掛けの良いおばあさんと、心掛けの悪いおばあさんが隣り合って暮らしています。心掛けの良いおばあさんは、しっかりと火種を守っているのに、心掛けの悪いおばあさんは、しょっちゅう火種を切らして、「火っこをたんもうれ」と火種をもらいにやってくるのです。

この短い言葉が、幼い私の脳裏にしっかりと刻み込まれていたようです。やがて、私は文字を覚えて、たちまち本の魅力にとりつかれてしまいました。昔話より本のほうが面白いと、思ったものです。

そのご、盛岡市にある県立盛岡高等女学校に入学するために、兄たちにつづいて家郷を離れました。そのとき、四〇代だった母が、

「貞子を離してやるのは、小鳥を飛ばすようで、切なくて淋《さび》しい。兄たちのときは、こんなに淋しくはなかったのに──」

と、申しました。

私は、両親宛《あて》にせっせと手紙を書いて近況を知らせました。手持ちの切手がなくなると、「切手が無くなりました」と、父宛に知らせました。すると、父は、買置きの切手の束から、綴じたままの一冊を送ってくれて、候文の短い手紙をくれました。

たまに父が盛岡にくると、許可をいただいて旅館に父を訪ねました。父は寮に戻る私に、かならず人力車を呼んでくれましたから、今も私は、人力車大好き人間です。そのころの盛岡の街は、本町芸者さんだの八幡芸者さんたちが、人力車で往き交っておりました。

昭和一六年（一九四一）一二月八日、太平洋戦争勃発、日本は戦時色一色に変わりました。戦況は日を追ってきびしくなり、寮生は、たびたび夜中の零時〇分に、盛岡駅を通過する兵士の見

人力車で観光に出かける娘と私

送りに、重い校旗を捧げて並びました。

列車は、北方に向かうと密かに聞いた若い兵士たちを乗せて、おごそかに通過して行きました。私たちは泣きながら軍歌をうたいました。駅から戻る私たちの靴音が、こつこつと深夜の盛岡の街に鳴っていたのを忘れることができません。

昭和一九年（一九四四）、戦争のさ中に卒業、私は自分の意志で進学をことわり、県内挺身隊《ていしんたい》を希望しました。その結果、市内各女学校合同の「女子挺身隊高女隊」として、岩手県庁に配属されました。

私はその隊長に指名され、宣誓式で宣誓をしました。すぐに地方課に配属されたのですが、地方課には岩手の昔話『すねこ・たんぱこ』の著者平野直先生が、民間から徴用されて働いておられました。

しかし、戦争という非常時は、昔話を人びとの胸の中の化石として閉じ込めてしまったのでしょうか。昔話を話題にすることはありませんでした。私もまた同様でした。

やがて、戦争は終結し、平和のなかで私はくすり屋に嫁ぎ、母親となりました。はじめて授かったわが児《こ》を抱いていると、さまざまな思いがこみあげてまいりました。

私が幼いころ、肉親たちが語ってくれた昔話、幸せ体験だったからわが児にも――。しかし、それは私にとって忘れ去ってから久しい、遠いものでした。

どんな昔話を聞いたんだろう、思い出そうとしたとき、真っ先によみがえったのは、「火っこをたんもうれ」（火種をください）という、昔話のなかにあった短い言葉だったのです。

三　昔話との再会

「火っこをたんもうれ」は、闇の遠くから、聞こえました。とたんに私は強いショックをうけました。昔話の一話ずつが、

「火種をください。消えてしまいそうです」

と、叫んでいるように感じてしまったのです。

昔話を記録しようと思ったのは、この瞬間です。忘れていた昔話との再会でした。そして再会の第一歩でした。一話ずつ思い出しながら書いてみましたが、どうしても繋《つな》がらないところは、きょうだいたちの力を借りました。

母親になった女性は、不思議な力を授かるものです。つくづく体力がないと自覚していた女性が、不思議な体力を授かって、朝まで眠らないで、わが子のセーターを編み上げたりするのですから――。わが子に着せたい一途な心の強さ――。

こうして、私はたちまち三人の子の母親になりました。大家族の商家でしたから、子守もお手伝いもいましたが、実家からも応援のお手伝いがきてくれたりしました。

幸せな家庭環境でした。しかし、そのころの私は、自分の時間をまったく持てない商家の暮らしに悩んでいました。その思いは、懊悩《おうのう》となって私を苦しめました。自分の机を欲しいと、どんなに念《おも》ったことでしょう。

やがて、できないときはできないのだと、悟りました。私の二〇代は子育てのとき、子育てを優先しよう。三〇代は家業優先、四〇代は自身の修養につとめよう。せめて五〇歳になったら、原稿用紙に向かうのだと、はるかな前途に希望を託したのです。

そう決めると、私の心に平安が戻りました。その日までは聞き書き暮らし、五〇歳を迎えるその日まで、と自分に言い聞かせて、励んでまいりました。

さて、昔話を中心とした聞き書きをはじめてみますと、

「物好きだなあー」

と、はじめはあきれ顔をなさるご老人が多かったのです。

でも、熱心な私の様子を見て、協力してくださるようになりました。昔話の周辺には、私の知らない人びとの暮らしがありました。私は感動しながら聞き書きをつづけました。

だんだん岩泉が見えてきました。自分の立っている足もとの理解が深まると、安心して「健全な岩泉の子」を育てる自信が、湧《わ》いてくるようでした。まだ、二〇代だった私は、はるかな五〇歳に向かって、いきいきと、聞き書きノートを積み上げて、毎日を励んでおりました。

四　いよいよ五〇歳

その日のことは忘れられません。決めていたことは実行しなければ、嬉しくてわくわくしました。満五〇歳を、待ってなんかいられません。数え年五〇歳にしました。

この日のために注文した原稿用紙は、中位のダンボール箱に一つありました。その日の夜更け、原稿用紙をひろげて、その前に坐《すわ》ってペンを持ったとき、広い、広い、はてしない雪原に、ひとり立ったような気持ちになりました。

そのころは、東京で就職していた長男が家に戻って、家業の中心になってくれていました。やがて長男は嫁を迎え、孫が誕生しました。義父も義母も九二歳まで長命してくれましたから、わが家はいつも大家族で、幸せ一家と呼ばれました。

こうして、五〇歳になってからようやく原稿用紙に向かうことができた私でした。それも、昼の時間を使うことは、まだできません。夜更けだったり、夜明けだったりしました。自分だけの時間を得ようと思えば、工夫するほかありません。

五　そして今

私は、夢中で戦中、戦後を通り抜けましたので、昔話は、忘却の彼方《かなた》に置きざりにしていました。しかし、幼いころ肉親たちから聞いた昔話たちは、「火っこをたんもうれ」（火種をください、消えそうです）と叫んで、私の記憶を呼び覚ましてくれました。

昔話たちは、生きていたのです。どんなに化石のように閉じ込められようとも、祖霊たちのたましいを現代に運びとどけてくれたのです。感激した私は、その他、岩泉地方に埋もれているであろう昔話を、全力で探しだしました。

それらは、数冊の私の昔話集のなかに納めることができました。微力ながら私にできる手段の「記録すること」によって、よみがえった昔話を守ったつもりでおります。

さて、いよいよ紙数がつきましたので、ずばり、今回のテーマの「昔話を集める楽しみ」にお答えしなければなりません。ひと口に申し上げるならば、私の場合は、「感動に出逢う旅路」だったことがあげられましょう。

直接に話者と逢って、話者の笑顔を見、話者の声を聞きながら、昔話を集めた私の半世紀は、真実、得難いものだったと思っております。私の昔話集にお名前の見える話者たちは、今はほとんどご他界なさいました。

でも遠くからあたたかく私を守ってくださっていると信じております。

辷石谷江と昔話のことば

大野　眞男

一　辷石谷江と佐々木喜善

読者の中で、辷石谷江《はねいしたにえ》媼《おう》の名をご存じの方は多くはないことでしょう。日本のグリムと讃えられる佐々木喜善《ささききぜん》が昭和二年（一九二七）に刊行した遠野の昔話集『老媼夜譚《ろうおうやたん》』に収められた話の多くが、彼女によって提供されたものでした。大正一二年（一九二三）、佐々木自身が生まれ育った土淵村での昔話採集で二人は親しく出会い、そして『老媼夜譚』がまとめられていったのです。

佐々木による語り手・辷石谷江の発見と『老媼夜譚』の意義については、石井正己『遠野の民話と語り部』という好著がありますので、ここでは『老媼夜譚』に書き留められた谷江媼の語りの特質に焦点を当てて考えていきたいと思います。しかしながら、谷江媼の語りそのものは音声資料として残されておりませんので、佐々木の書き残した文章を手掛かりに、佐々木の筆を通して、わずかに垣間見るしかありません。そこで、先ずは佐々木の昔話採集者としての態度を整理するところから始めましょう。

昔話は家庭内空間において、家族あるいはそれに準じる関係の中で語られてきたものです。昔話の話型・素材は地域を伝播しても、それらを語る行為は、落語などの話芸のように社会的に職能化されたものではありません。昔話の語りの背景には地域の生活生業が密着し、あくまでも日々の暮らしの一齣《ひとこま》を構成するものであったと思います。学者にとっては当たり前かもしれませんが、そんな昔話を研究対象として採集するというのは、佐々木が谷江嫗を訪ねた当時にはずいぶん突飛なことであり、彼女にとっては気兼ねや気恥ずかしささえ伴うことだったでしょう。

後年の『聴耳草紙《ききみみぞうし》』などにも通じることかと思いますが、佐々木の採集方法は、語り手や語りの場面から昔話だけを切り離して採集するというものではなかったように思います。この態度は『老媼夜譚』の口絵に辷石谷江刀自の写真が掲載されていることにもよく現れています。博物学者が土をすべて振るい落として新奇植物の乾燥標本を蒐集《しゅうしゅう》するのとは違って、草木が自生する土壌や環境ごと植生を記述しようとする生態学者の態度に近いでしょう。

『老媼夜譚』自序に、

何しろ外はあの(年の)大吹雪なので、少しの隙間からもぴゆらぴゆらと粉雪が大胆に屋内に吹き込んだ。…おまけに薪《まき》が雪で凍つてゐるので、ぶしぶしと燻《くすぶ》つて、煙くつて眼が開かれぬ程であった。婆様は赤たゞれした眼から涙を止め度なく流し、私も袖で顔を蔽《おほ》ひ蔽ひ話を聴いた。

と回想していますが、語り手の生活背景を含めて昔話が語り出された状況を余すところなく説明していると思います。話型で分類整理せず、谷江嫗以外の語り手も含めて採集した順に排列してあるのも、語りの状況を尊重した態度の結果でしょう。

二　昔話の文体と『老媼夜譚』

もう一つ留意しておきたいことは、昔話は語って聞かせるものだということです。そこには現代の読み聞かせのように、声に出して読むべき文字情報も存在せず、学校の国語教師も介在しません。ストレートに家庭や地域の母語（いわゆる方言）によって紡ぎ出される世界だったということです。

遠野は柳田国男《やなぎたくにお》『遠野物語』によって有名になりましたが、その中にわずかに収められた昔話は柳田一流の雅文体によって装われており、喜善が語って聞かせた、あるいは喜善が聞いて育った際の肌ざわり・耳ざわりはすっかり失われてしまっています。このことは現代の昔話採集においても、共通日本語による読者理解と地域方言による語り口のどちらを優先させるかで、常に悩ましい課題なのかと思います。

もとより東北方言固有の発音の特性（いわゆる訛《なま》り）などは、標準日本語に準拠した文字システムに転記すること自体に無理があるのであって、寸法に合わぬお仕着せを着せつけるようなものでしょう。土地土地の特有のことば（いわゆる俚言《りげん》）についても同様です。文字化することはある意味で標準化することであり、多くの語りの場面における重要情報が余剰の要素として排除されかねず、地域に固有の語り口の面白さなどは最も細心の注意を払う必要がある部分でしょう。

佐々木が谷江媼の語りを筆録するに当たって、やはりこの問題に直面せざるを得なかったことは、「自序」に以下のように記していることでも知られます。

谷江婆様はニソ（新麻）を、指の先きと唇とで巧に細く烈《ママ》き分けて、長い長い一筋の白子《しらご》糸《いと》を作つた。それを苧籠に手繰り入れつゝ、物語つたが、話に興が乗つてくると、其の苧籠をばくるりと己が背後に廻《おむけ》してやつた。さうなると言葉は自らりずむがつき、自然と韻語になつて同じ文句がしばしば繰返されたりした。或時などは少量の酒を買つて行くと、平素物静かな人ながら興奮して、老いたる腰を伸ばしてちよいちよいと立ち上り、物語の主人公の身振りなどをした。それがりずむが高調に達した時であつたから少しも不自然でなく、却つて人を極度に感動させた。私は其感動を筆記し得なかつたのが、此記録の最も大なる憾み事である。尚又私としては婆様の語つた通り、其儘の地方語で記録することが好ましいと思つたけれども、さうすれば大方の読者には往々合点のゆかぬ節もあらうと思つて、本文の如き文体にした。

佐々木の言う「本文の如き文体」とはもちろん標準語のことですが、この釈明に反して『老媼夜譚』にはまことに多くの遠野言葉が使われています。「自序」の別の箇所で谷江媼の話しぶりが必ずしも洗練されていなかったことに触れ、「これは一つには自分の心の紀念とも思つて聴いた時の調子をいくらかでも保存して置きたかつた。」とあります。

石井正己『遠野の民話と語り部』に紹介されている佐々木の聞き書きノートの状況によると、佐々木は語りのすべてをテープレコーダーのように速記したのではなく、主要なモチーフ、キャラクター、プロットなどをキーワード風に点描するだけだったようです。それでも、佐々木に既に膨大な昔話の蓄積があり、また彼自身が口承伝承者特有の記憶の構造があったのでしょう、再録された昔話はノートの十倍程度の言語量に増えていることが石井により指摘されています。つまり、谷江嫗の語りはすべて佐々木のフィルターがかけられていることになりますが、この過程で「聴いた時の調子」を再現するために遠野言葉が結果的に必要だと佐々木が判断したことが推測されます。

『夜譚』中の谷江嫗の語り口について具体的に考えてみましょう。昔話の語りは始まりと終わりを示す額縁構造をとることがよく知られており、遠野の場合であれば「むがすあったずもな」で始まり、「どんどはれ」で終わるのが一般的です。おそらく谷江嫗の語りもそのようなものだったでしょうが、佐々木によって再録された『老嫗夜譚』にはその部分は描かれていません。「或所に貧乏な夫婦があつた。」「或所に父と母があつて男の子三人持つて居た。」「或処に夫婦かまどがあつた。」のように、いきなり内容に入っていきます。また、終わりの「どんどはれ」もありません。これらの要素は話の中身ではなく儀式のようなものですから、もしかしたら谷江嫗自身が省いたかもしれませんが、少なくとも佐々木の側で採録の対象としていないことは明確です。また、語りの発話単位ごとに「〜たずもな」のような伝聞の意を含むモダリティーで括《くく》られるのが遠野の一般的な語りの形式ですが、これについても同様な事情で省略されています。

三　辷石谷江嫗の語りと遠野言葉

さて、佐々木の採録態度と不即不離な問題ですが、結果として表現された谷江嫗の語りに見られる方言使用について分析してみましょう。昔話全体は、地の語りと登場人物による語りから構成されています。方言はもちろん地の部分にも現れますが、どちらかといえば登場人物の語りに多いような傾向があります。演劇でいえばト書きと台詞《せりふ》という関係になりますが、谷江媼の語りにおいても登場人物の台詞が臨場感を高める仕掛けとして機能しており、佐々木はそこを評価して遠野言葉そのままに採録に及んだということかと思います。二五番「親棄譚」の冒頭を見てみましょう。

　或所に悪い嫁嬶があつて、姑婆様が年寄つてかせげなくなつて寝て居て虱を取つて一生懸命に噛み潰すのを、あれあれ夫《とと》な、あの婆々《ばんご》は毎夜々々あゝして寝て居ながら米を盗んで行つて噛んで居るから、家に置いては家業にならない程に、早く山さ連れて行つて来てけもさえと言つた。夫は何が何でも実際の生みの母親《おふくろ》を山に棄てたくないので、これこれ嬶やい、そんだはそんなことを言ふもんぢやない。俺等も年取つたらあんなになるんだが、さうなつたら如何《なぞ》にすでえと言ふと、女房はそだら俺出て行くとのさばるので、嬶に出て行かれては夫《とと》は困るから、ほんだらええ、俺は母親《あつぱ》を奥山さ連れて行つて棄てゝ来るから、お前は家を出るなと言つて、母親《あつぱ》をおぶつて山に棄てに行くことにした。其事を傍で聞いて居た今年九つになる息子が、父々《とととと》、祖母《ばあ》さを棄てに俺《おら》もかたつて行くと言ふから、父母は、ないささいな奥山の遠い遠い怖《おつかな》い所なんだから童《わらし》どは行く所でないと言つても、いゝから俺も行くと言つて泣いて仕様がないので、嫁嬶はこれこれ其位行つて見たから行げぢやと言つた。そこで父は老母をおぶつて息子を連れて、親棄てに奥山に行つた。

地の部分と三人の登場人物の語りが交互に現れ、テンポのある一つの語り口として融合しています。なるほど三人が標準語を話すのであれば、そのキャラクターもずいぶん変わってしまうに違いないと思います。この話は『夜譚』中でも実験的に方言が多用されたものかと思われますが、それにしてもこれだけ遠野方言があふれかえると読者理解を妨げることにもなります。

そのような時には助っ人に登場してもらうのがよいでしょう。遠野言葉については、古くは人類学者・伊能嘉矩《いのうかのり》の『遠野方言誌』があります。アイヌ語との関連などにも踏み込んだ意欲的な方言集ですが、ここでは収録語数や意味説明等の点でより包括的な俵田藤次郎・高橋幸吉『遠野ことば』を紹介しましょう。『遠野ことば』によれば、嫁の台詞にある「ばんご」とは「婆、ばばァ、老女の悪口。（例）歯かけバンゴ。眼くされバンゴ。」と説明されています。この話の最終場面は息子の機転で一家大団円に終わるのですが、発端における嫁姑の関係は最悪であり、それが反映した姑への呼称であることに気づかされます。ささやかなルビ表記ではありますが、谷江媼が語る地域語に込められたニュアンスを佐々木は捨象することができなかったわけです。

このほか、共通語と語形は似ていますが、「のさばる」は「出しゃばる、わがままを云いとうす《（ママ）》。」、「かたつて行く」の「かだる」は「加わる、仲間入りする。」の意であることなど、地域語の多くの情報を『遠野ことば』は教えてくれます。

遠野方言という彼らの共通母語を前面に出すことによって、佐々木の採録も語り本来の持っていたリズムを見事に映し出しているようです。文法的な正否はともかくとして、「行くが行くが行くと、奥山の谷に大きな平たい石があるところに行き着いた。」とか、「此の祖母は此処で死ぬからと言つて、泣くが泣くが泣いた。」のような一種の畳語表現も、本来谷江媼の語り口にあったものが、地域語の導く文脈に支えられて、佐々木の筆により再現された修辞法と考えることができるのではないでしょうか。

語りの中で聞き手を引きつける重要な役割を果たし、かつ標準語に翻訳できない表現がもう一つあります。ものごとの様態に関する表現で、しばしば擬声語・擬態語とかオノマトペとか呼ばれるものです。オノマトペは一般の語彙とは異なり、具体的事物を指示するのではなく、音そのものがある特定のイメージを喚起する音象徴であって、言語により方言により独自性を発揮する語《ご》彙《い》群《ぐん》です。『夜譚』の中の様態表現においても、遠野固有のオノマトペがふんだんに使われており、佐々木によって標準日本語に置き換え難い語り口の重要部分であったと思われます。いくつかの例を挙げてみましょう。

　手から取ッぱずらかして下にちゃがんと落とした。（一三番）
　其有様を見て、狐になつて、ぢやぐエンぢやぐエンと鳴き叫んで居た。（二七番）
　するとまた向ふから針がぢかもき、ぢかもきと歩いてきて、（三一番）
　わざと魚などを出してぱんぱん香りをさせて飯を食つて居た。（五四番）
　傍の木の枝に掛けて置いてガキンガキンと木伐りをして居た。（五六番）
　だんぎりだんぎりと木を伐つて居た。（七九番）
　娘の病気は白紙をはぐようにけそけそと快くなつた。（七九番）

音そのものの聴覚イメージがオノマトペの本領ですので、遠野言葉を標準語に変換することは全くナンセンスな作業となってしまいます。佐々木と同時代人である宮沢賢治が独特のオノマトペを愛用したことをつい連想してしまいますが、決して作家の独創というばかりではなく、彼の言語文化の背景にオノマトペの存在が前提となっていたことでしょう。佐々木の『夜譚』の場合も、辷《あか》石谷江嫗の語り、ひいては遠野の伝承言語に豊かな表現性を持った文化が存在していたことを証すものであると思います。

【参考文献】

・石井正己『遠野の民話と語り部』（三弥井書店、二〇〇二年）
・俵田藤次郎・高橋幸吉『遠野ことば』（遠野市観光協会、一九七四年）／一九八二年に遠野コロニー印刷より再刊

図書館・児童館で語る女性たち

多比羅　拓

一　語りの〈場〉としての図書館・児童館

毎朝届く新聞と一緒に、月に二度ほど届くものに、市の広報があります。この広報の「催し」のコーナーを見ていると、おはなしの会、よみきかせの会の案内が寄せられていることに気づきます。催しの種類も多様です。私の住んでいる東京都の八王子市の場合、零歳《ゼロ》児から参加できるもの、三歳以上を対象とするもの、小学校低学年を対象とするもの、市内在住の外国出身の方を対象とするものなどが紹介されています。「おはなしの会」と銘打っていない場合も、零歳児から参加できる子育て講座のなかのひとつに「よみきかせ」が組まれているものもあります。

実際に図書館に足を運んでみると、図書館に置いてある案内などから、広報に載っていない催しを知ることもできます。インターネットの普及などで新聞を購読しなくなった家庭、あまり図書館や児童館に足を運ばないという家庭では、催しの情報を手に入れにくいという懸念はありますが、現在はさまざまな機会に、よみきかせの会に参加することができるのです。最近では書店でも絵本のよみきかせの会を開いているところがあります。

なぜ図書館や児童館という〈場〉でよみきかせの会が開かれるのでしょうか。これは大きく二つの理由が考えられます。ひとつは、図書館や児童館が子どもたちに対してよみきかせの会を主催し、絵本やお話に触れる機会を増やそうとしたケースです。もうひとつは、有志で会を催そうとしたときに、人が集まりやすく、経済的な負担も少なく開ける〈場〉として、公共施設がその役割を担っているという理由です。

この語りの〈場〉として図書館・児童館という場所が選ばれる状況は今後も続いていくことでしょう。なぜなら、前者は施設のサービスの一環として開催されるものです。そして後者については、公共施設はよみきかせに限らず地域の文化活動全般に開かれていますし、核家族化が進んだ住宅環境を考えると、個人宅で会を開ける環境というのもごく限られた状況でしかあり得ません。

いずれにせよ、図書館や児童館などの公共施設が、語りの〈場〉への入り口として機能していると考えてよいでしょう。

二　図書館・児童館で語る女性たち

おはなしの会とは、実際どのようなものなのでしょうか。もちろんこれは決まったやり方があるわけではなく、場所や主催するグループによっていろいろ特色があるでしょうから、一概に言えるものではありません。そこで、今回は八王子市中央図書館で開かれている「おはなし会」の例を紹介しながら話を進めたいと思います。

この「おはなし会」は、図書館と八王子おはなしの会というグループとの共催で、一九九八年から一〇年以上続いている会です。全体のメニューは、小さい子（三歳以上）向けの前半、大きい子向けの後半、それぞれ約三〇分ずつ（計一時間）です。

最初からいきなりお話から入るのではなく、始めは手遊びなどでみんなで遊びながら、子どもたちの緊張をほぐしていきます。そして、会のメンバーの方々がお話と遊びを織り交ぜながら進めていきます。小さい子向けの会は短めのお話、大きい子向けの会は少し長めのお話、手遊びなども前半よりも後半は少なめです。小さい子向け、大きい子向けとしていますが、あくまで便宜的なもので、前半から参加している小学生もいますし、小さい子が後半の最後まで残っていたりもします。子どもだけでなく、お父さんやお母さん、お祖母さんも同伴しているのがほとんどですから、会場は世代や性別を超えた、文字通り老若男女の集いとなっています。

八王子おはなしの会のメンバーは女性が中心です。八王子おはなしの会に限らず、現時点では、その主体が女性であることは確かでしょう。勉強会を平日の日中にやっているせいではないか、とのことでしたが、図書館・児童館で語るのが女性たちであるのは、あくまで現状に過ぎないと思います。昔話も、お祖母さんではなくお祖父さんから聴くのも不自然なことではありませんでした。また、子ども向けの「おはなし会」自体は、先にも述べたとおり図書館員の方も開いています。この場合、当然男性の職員の方がお話をすることもあります。女性だから語る、というものではありません。

一方で、働く女性にこのような会が開かれているかというと、なかなかそうでもないとも言えましょう。私は男性ですが、いざ「おはなし会に行こうかな」と探してみても、平日の午前中や土曜日の午前中などの勤務時間に催されているのが大半で、足を運ぼうにも難儀したのが事実です。「おはなし会」という試みが子どもにお話を聞かせるという面だけでなく、子どもと一対一で向き合い、閉鎖的になりがちな育児環境への支援という側面を持つことを考えれば、やむを得ないことかも知れません。あるいは、共働きの家庭は、休日の子どもとの時間を大切にしてほしいという配慮も考えられるかも知れませんが、全てを望むことはできないでしょうが、参加してみたいと思った日曜日や祝日に、気軽に接せられるようになれば、とも思いました。

八王子おはなしの会の方のお話では、土曜日や日曜日に駅前の図書館が会場となる場合、お父さんが子どもと一緒にお話を聞くという姿がここ何年か顕著に増えてきたそうです。また、子どもではなく大人対象のおはなしの会も開いていて、それをきっかけにお話の会に興味を持ち、語る側に参加し始めたという方もいらっしゃいました。お話を聞きながら、さまざまな試みがなされ、少しずつ広まっていることをあらためて知らされました。

三　「よみきかせ」と「おはなし」

おはなし会では、いったいどのようにお話が語られているのでしょうか。その多くは「よみきかせ」でしょう。たいていの場合、「よみきかせ」は絵本などを読んで聴かせることを表します。図書館の方が行う場合は「よみきかせ」、おはなしの会の方が行う場合は「おはなし」というのが、八王子市立図書館の場合でした。選ぶ本は対象とする子どもたちの発達段階に応じるので、小さい子どもには紙芝居も含まれていくでしょうし、小学校低学年になれば絵本以外からも選ぶこともありましょう。ただし小学校一年生の定番教材といわれるものに「おおきなかぶ」がありますから、まだ絵本を選ぶことが多いはずです。

図書館の方のお話では、「よみきかせ」で選ばれる絵本は、「民話」「昔話」のコーナーに置かれている本を中心に選ばれます。古くから読まれてきた評価の高いものだけでなく、図書館で選定した新しいものも合わせて、いろいろなお話を紹介していきたい、という立場にいるとの説明でした。このようなよみきかせの影響の大きさは、実際に私の二歳の息子を見ていても感じます。保育園のお楽しみ会で年長組の出し物になっていた「おおきなかぶ」の「うんとこしょ、どっこいしょ、まだまだかぶはぬけません」を拙いながら口にしていたり、帰り道に月を見て「おつきさま、こんばんは」と言っているのが、絵本の『おつきさまこんばんは』（林明子・福音館書店）によるものであったりします。少ない語彙《ごい》のなかに、絵本で知った言葉の占める割合の大きさを思わされます。言葉を次々と覚えていく幼少期に、このような絵本のよみきかせが寄与するところは大きいのでしょう。

おはなしの会の方の行う「おはなし」は、「よみきかせ」とはことなり、何も持たず何も見ないで子どもたちに語ります。「素話（すばなし）」といいます。題材は、都立子ども図書館から出ている「おはなしのろうそく」などを軸にしながら、実際に「語るのにふさわしいもの」を選んでいくそうです。何も持たないで語るものなので、絵本の文章をそのまま覚えて語るというのでは、子どもに充分には伝わらないことがあります。その点では聞く側の想像力も必要なので、二歳の息子にはまだ難しそうでした。おはなしの会の方も話の選定の段階で、実際に語るのに合っているお話か、ということにいちばん気を遣うそうです。その点で「日本の昔話がとても語りやすく、うまくできている」そうで、同じ昔話でも外国のものは語る側がその世界に完全に入り込めず、頭で考えてしまうところがあるそうです。

語る側からの視点をうかがっているうちに、〈場〉の話題になりました。会では学童や保育園・幼稚園で語る活動もしていて、そういった年齢層が固定化していて、回数を重ねられる〈場〉のほうが、「おはなし」に適しているそうです。図書館のように不特定多数の年齢層が来る〈場〉では、「おはなし」を聴くことに慣れていない子どもと慣れている子どもの差が大きく、「おはなし」に集中した空間を作るのが難しいそうです。

そして、〈おはなしのへや〉という部屋があり、扉の中で外部と仕切られた空間での語りと、壁のないオープンスペースでの空間での語りは、「おはなし」への入り方が違うようです。「おはなし」を聴くために集中できる〈場〉づくりの点で言えば、落語家の立川志の輔さんのビデオでは、最初に次のようなテロップが流れます。「只今、深夜11時55分、開演5分前でございます。開演に先立ちまして、このビデオライブの参加方法を申し上げます。先ず奥様・お子様がおやすみなったことをもう一度確認し、テレビやモニターに対して、普段は決して座ることのできない一番見やすい位置を決め、ご着席ください。その際、お部屋の明かりを消すことをお忘れなく。また携帯電話は、電源をお切りになるか留守番電話に設定して下さい。部屋の電話の電話線は、思い切ってコードを抜いていただけると幸いです」。これと共通するお話でした。ちなみに八王子市の場合、中央図書館は前者、南大沢図書館は後者です。

両者の違いが出てきたところで、絵本などの「よみきかせ」という方法をもう一度見直してみましょう。絵本は〈絵〉と〈文字〉からなります。子どもたちが絵本のよみきかせを聴く場合、〈絵〉を見て、〈文字〉は読むものではなく、語りとして聴きます。リンゴの形や赤い色も、その場に描かれています。絵本の場合、この〈絵〉はもちろん動きません。これが動くと〈映像〉になり、〈映像〉を見て語りを聴くメディア、つまりテレビやＤＶＤ・映画となっていきます。したがって絵本というのは、「本」といっても非常にテレビ・映画に近いメディアなのです。

では、昔話などの「おはなし」を同様に考えてみるとどうなるでしょうか。昔話は語りのみです。語り手の言葉のみで話を理解し、リンゴの形も赤い色も、それを頭の中に描くしかありません。したがって昔話は、「話」といっても小説などの書籍に近いメディアなのです。また昔話は、同じ話でも語り手によって細部が異なるというおもしろさもあるでしょう。

絵本の「よみきかせ」と昔話の「おはなし」のどちらがよい、という優劣の問題ではありません。絵本は、語りがわからなくても絵から全体を理解できるので、一歳過ぎから多様な年齢に対応できるでしょう。昔話は、語り手の話をしっかり聴くには語彙力と集中力が必要ですから、一歳の子には無理でしょうし、発達段階に応じた細かな配慮が必要です。

「よみきかせ」の会だから絵本しか読みたくない、という子どもはいないはずです。せっかく話を聴こうと子どもたちが集う〈場〉ですから、それぞれの持ち味を生かした素材が選ばれていくことが、一層〈場〉の魅力を増していくことにつながるはずです。

四　「図書館・児童館で語る女性たち」の先にあるもの

単に話を聴く経験というのであれば、子どもたちは幼稚園や保育園で、幼稚園教諭や保育士から絵本の読み聞かせを聴く経験をしているはずです。これらの経験と、実際に図書館や児童館に足を運んで語りを聴くという経験とは大きく異なる点があります。それは、お母さん（あるいはお父さん）が子どもと一緒に語りの〈場〉にいる、ということです。

家族が同じ語りの〈場〉にいるというのは、父母、祖父母から昔話を聴くというときには当たり前だったかも知れません。家族以外の人からの語りを聴くという経験の方が多い、いわば家族のなかで子どもだけが切り離されて昔話を聴くという現代は、語りのあり方としてはさびしいこととも言えましょう。

図書館・児童館という〈場〉は、先に述べたとおり、引き続き大切な役割を担っていくことになるはずです。このような〈場〉で、テレビやＤＶＤではなく目の前にいる語り手の生の語りを聴くという経験が、子どもたちにとってどれだけ豊かな世界を広げていくことか、これについては改めて述べる必要はないでしょう。そして、そのような〈場〉に大人が子どもと一緒に足を運ぶことで、家庭に戻った大人が子どもに、子どもが気に入ったお話を語ることができるようになる。それが理想ではないでしょうか。

【参考文献】

・根岸英之「語りの〈場〉としての図書館」（石井正己編『子どもに昔話を！』三弥井書店、二〇〇七年）
・立川志の輔『志の輔らくご　午前様ライブ―深夜０時開演―』（オフィスほたるいか）

「女性と昔話」を学ぶために

松尾　哲朗

昔話で中心になるのは必ずしも男性ではない、と理解されたのは比較的新しいことです。しかし、それにより、昔話と女性の関係が前面化したとき、昔話研究は大きく前進しました。

この章では、女性と昔話との関係を考える際に参考になると思われる雑誌の特集と論文を四つ厳選して紹介します。中には目にしづらいものもあるため、主な目次を載せています。

女性と昔話の関係を研究する歴史ではいずれも大きな位置を占めるものばかりです。発行された順にみていきたいと思います。

①『民話と文学　第一五号』（民話と文学の会、一九八四年）

〈特集〉女性と民話／産室の語り―サンバの語りをめぐって―／「おいし物語」とおなごだち聞き書きと女性史／女一代仕事に生きる／（インタビュー）語りつぎ、語りつぐこと―命の証として―辺見じゅんさんに聞く／餅を持って走る女たち／私の中の「食わず女房／女の妖怪／民話に視る「嫁と姑」／会津盆地の婆さまたち

高度経済成長の揺り戻しとして七〇年代には、繁栄の暗部で虐げられていた人々の存在を社会

に訴える優れたノンフィクションが多数発表されました。それらの多くは女性たちの丁寧な取材により著されたものでした。

昔話の世界では、そもそも優れた話者は女性に多いとされています。それに対して、聞き手はあまりに女性が少なかったという歴史的な事実があります。そのため女性でなければ聞けないような、細やかな民俗風習、たとえば妊娠や出産など性にまつわる民話は埋もれたままでした。

この特集は、一〇名の女性と一名の男性によるレポートとその分析からなっています。先に触れた、その当時に埋もれていた昔話が丹念に採取され、報告されています。

すべてを紹介できないのが残念ですが、それらのうち幾つかを紹介したいと思います。女性特有の性の話でいえば、たとえば、「産室の語り」の中で言及される産婆の語る昔話があり、「聞き書きと女性史」の中の北海道での悲しいアイヌの女性達が語る昔話があります。これらの昔話が共通に持つのはある種のリアリティです。そこで語られるのは、いわゆる歴史的な物語ではなく、あくまで生活に密着した昔話なのです。

生活に密着という観点からいえば、「餅を持って走る女」という論文こそあてはまるものはありません。昔話の理解に自分の解釈を通して迫った「私の中の「食わず女房」」は、まさに女性からの視点が生かされた考察であるということがいえます。

これらの報告は、各地方の女性達の人生を積極的に肯定しました。そして変動していく歴史を支えた数多くの日常的に過ぎて忘れられてしまう出来事に日の目をあてました。幾分実験的なこの特集が昔話の女性性を見出す契機となったことは疑う余地がありません。

② 『民話の手帖　第二九号』（日本民話の会、一九八六年）
〈特集〉おんなと民話―女たちの語りの場／海女小屋の語り―安房・白浜レポート／貝をむく女たち―浦安市当代島・前島トミさん／構中の女たち―秋田県の場合／民話の「中」の女たち／伝承者としての女―百村紺屋の伝承

この特集号は、先の特集の翌々年に出版されました。先の特集が問題提起的だったのに対して、この特集は女性達が昔話を語る際の状況や場の問題をクローズアップしています。そして、女性達と昔話が共有される共同体の問題も提起されています。

それでは内容をみてみましょう。

海女《あま》小屋とは漁の期間中に休息をとる場所です。掃除がきれいに行き届いたその場所は、休息と同時に、一歩間違えば命にかかわる海で働く彼女達の重要な生活空間の一部でもあります。「海女小屋の語り」では、その空間での語りが紹介されています。海に入らない日の起源や、海女に鼻の下を伸ばす将軍の笑話などが共有され、そこから運命共同体として成立していることを思わせます。

次の「貝をむく女たち」でも、海女小屋と同様に女性が主役となって働く貝むき場での様子が紹介されています。どちらの場所でも語られる昔話は、仕事とともに語られるために、どこか欠落がありますが、あくまで生活の一部であるという特徴を強く示す証拠であると、「民話の「中」の女たち」では指摘されています。

最初の二つが場所の特異性を報告したものだとすれば、「講中の女たち」は唐松講を中心にした昔話が行われる時間に着目した報告だということができます。ちなみに唐松講とは安産・子育てを司る唐松神社を、女性の守り神とする信仰を基盤としている共同体です。講ではハレの日に寄り合いを持ちます。その時に昔話は披露され、楽しみつつ集団の結束が高められました。

この特集に納められている最後の論文である「伝承者としての女」では、姉家督の当主による巫女《みこ》的な語りによる地域共同体の結束が報告されています。一種異様なまでの存在感を放つ伝承者の存在と、それにより語られる先祖の故事や伝説、そして業績といったものが、共同体とその構成員のアイデンティティを形成したのでした。

とはいうものの、現代ではこれらのような女性の語りの場は大きく変貌してしまったようです。よくいわれる核家族化により地縁的な紐帯《ちゅうたい》は弱まりました。それに伴い、信仰による講のつながりも弱まっていったのです。医学の進歩と公衆衛生に基づく新しい生活文化は、お産・育児の場の禁忌や俗信といったものを、その存在の不明確さから排除していったのでした。

③野村敬子「「外国人花嫁」の民話について」『口承文芸研究　第一八号』（日本口承文芸学会、一九九五年）

はじめに／「外国人花嫁」(1)／「外国人花嫁」(2)／オリーブさんの民話(1)／オリーブさんの民話(2)／オリーブさんの民話(3)／「外国人花嫁」の民話／終りに

先に見た二つの特集では、伝統的な形での昔話と女性の関係が検討されていました。この論文では、非常に現代的な問題として、個人のアイデンティティに切迫する問題としてその関係が取り上げられています。

それが最も明らかになるのは、日本における国際結婚の際の外国人花嫁についてです。日本人配偶者不足による嫁不足の切り札として導入された外国人花嫁の実情と彼女たちが語る民話の報告がなされています。なお、二〇〇六年の厚生労働省の人口動態統計年報では結婚総数の内の約六%が国際結婚であり、その総数は年次ごとに増加しています。ちなみに一九八五年からおよそ三・五倍になっています。

外国人花嫁はしばしば文化の抑制を強制され、自己のアイデンティティ崩壊の凄絶な危機に直面することが少なくありませんでした。その原因には日本的男性原理による没個性的なスピード婚が挙げられています。彼女達が日本で暮らす場合、母語を放棄することが求められたりもします。そのため文化の橋渡しとして我が子に求め、苦悩する女性の姿が少なくなかったようです。この場合、母語が禁止されているため、昔話も彼女を庇護《ひご》する力を失ってしまうのでした。

一方で、母国語による昔話が彼女たちの中に再生することによって癒《いや》されることもあります。一九九四年、文部省による女性の社会参加支援特別事業の一環として行われた「集まれ！地球の娘たち―アジアの女性達が語る自国語での民話―女性による共生への模索」という会では、韓国と日本の民話とともにオリーブさんのようなフィリピンのタガログ語での昔話も披露されました。この取り組みは民俗社会でのタガログ語が解放された記念碑的な事業であり、民俗社会の可能性を示すものだったといえます。

外国人花嫁の現状にはいまだ多くの問題があるようです。けれども、それらが解決した時には、日本の民俗社会の中で昔話の体系が大きく刷新されます。そしてそれだけでなく、アジアの中での日本の昔話を考える契機ともなることが期待されます。

④野村敬子「昔話と女性」『口承文学二・アイヌ文学　岩波講座日本文学史　第一七巻』（岩波書店、一九九七年）

はじめに／伽に往女／運命譚を語る／横寝せずに語る／老女の語り／乳母が噺の極りて／母といた日の悦楽／むすびに代えて

先の論文では昔話と語り手の女性の現代の文脈における関係性が考察されました。この論文では、古代からの女性と昔話の精神史について、産む領域と育てる領域が研究されています。多くの書物が引用され、古代からの連続性と、歴史を縦断するダイナミックスを感じることが出来ると思います。

それでは、産む領域からみていきましょう。お産の瞬間は、死と生が神秘の瞬間であって、母子の邪気を祓い、悪鬼を退散させ、健全に育つことを祈念する必要がありました。そこで伽《とぎ》が求められたのです。伽に参加する女性は、産屋から魔物を祓うため、唄や昔話などで声を発し続けました。『宇津保《うつほ》物語』や『紫式部日記』にもお産を巡る呪術的な仕儀をみることができます。ここには、人間の声に対する信頼があり、そして産婦を覚醒させるという実際的な効果がありました。

次に育てる領域をみたいと思います。『女殺油地獄』では、「育てる」ことと「育つ」ことの相関性が示されますが、昔話は子どもの成長に応じた形で提供されます。人生の転換期や病気等の人生の危機に際して、幼い者たちの心身を保護する働きが昔話に期待されたからです。また、お化けの話などの非日常の世界の昔話も女性の専売特許だったようです。そして、これらを子ども達同士で行うことが、自身が母となる日のための重要な準備段階でした。

このように「産む」「育てる」という女性の、ひいては人類全体の重要な営為を支えていたのは、女性たちの途切れることのない昔話の語りでした。そしてこれらの原体験が人々を脈々と育ててきているという事実とその重要性は見逃されるべきではありません。

以上四つの特集と論文をみてきました。昔話には女性が担った役割は想像以上に大きかったのではないでしょうか。現在もなおその力を失わない女性と昔話の強い関係性は、時間を越え、場所を越えて、常に言葉とは何か、人間とは何かという根源的な問いを、私たちに投げかけ続けているのです。

講演者・執筆者紹介

松谷みよ子（まつたに・みよこ）

児童文学作家。松谷みよ子民話研究室主宰。『貝になった子ども』『小さいモモちゃん』『まちんと』『龍の子太郎』『私のアンネ＝フランク』『いないいないばあ』など、多くの作品があり、世代を越えて読み継がれてきた。現代民話に関しても、『現代民話考』をはじめ、『民話の世界』『現代の民話』『あの世からのことづて』『異界からのサイン』などの著書がある。業績の全貌は『松谷みよ子の本』で知ることができる。国際アンデルセン賞優良賞、野間児童文芸賞など多くの賞を受賞している。最近では、『自伝　じょうちゃん』が発刊された。

正部家ミヤ（しょうぶけ・みや）

大正一二年、岩手県上閉伊郡綾織村に生まれた。姉・故鈴木サツとともに語り部を始め、天皇・皇后両陛下にも昔話を語る。『続・続遠野むかしばなし』『第四集遠野むかしばなし』『正部家ミヤ全昔話集』のほか、ビデオやCDも多い。妹・菊池ヤヨ、須知ナヨ、姪・菊池栄子も語り部。旅の文化賞他を受賞。

須知ナヨ（すち・なよ）

昭和六年、岩手県上閉伊郡綾織村に生まれ、釜石市の須知家に養子に入る。姉・故鈴木サツ、正部家ミヤ、菊池ヤヨの感化を受けて、釜石の語り部として活躍している。遠い昔の記憶を思い浮かべながら語り継ぎたいと考え、一方では釜石の民話を掘り起こす活動もしている。

野村敬子（のむら・けいこ）

主婦、民話研究者、國學院大學栃木短期大学講師。出身地の山形県最上郡真室川町の『真室川昔話集』を編み、『五分次郎』『雀の仇討』（ともに共編）で姉家督と伝承権を扱い、『真室川の昔話　鮭の大助』で出産の伽における民話の機能を抽出した。『ミナエ婆の村むがす』（共編）では無文字女性の口承世界を問うた。『明淑さんのむかしむかし』に続き、『オリーブさんのフィリピン民話』『チュ・ママの台湾民話』『キムさんの韓国民話』ほか「アジア心の民話」シリーズで、人権と民話に関する問題を提起した。『渋谷ふるさと語り』『東京江戸語り』など、大都市の人々の口承にも注目する。

鈴木ワキ（すずき・わき）

大正一〇年、岩手県上閉伊郡小友村に生まれた。「間垣節（まがきぶし）」で岩手県代表になったほどの民謡の歌い手で、「氷口御祝（すがぐちごいわい）」の女性リーダーでもあった。昔話に得意の歌が入ることがあり、歌と語りの融合が独自の昔話世界をつくっている。世界民話博から昔話を語りはじめ、『鈴木ワキ昔話集』がある。

佐々木イセ（ささき・いせ）

昭和五年、岩手県上閉伊郡土淵村に生まれた。七人姉妹の末っ子で、姉の阿部サダ、阿部ヨンコと合わせた三人の語りが、佐々木徳夫『遠野の昔話』に収められている。姉ヨンコの跡を継いで土淵町にある伝承園の語り部として活躍、土淵の昔話を世に広めている。娘さんたちが喜寿を祝って『佐々木イセ昔話集』を発刊、CDが続く予定。

五十嵐七重（いがらし・ななえ）

昭和二一年、福島県大沼郡金山町に生まれた。七人姉妹の末っ子で、父母や姉の語りや教えを受けて育ち、長年、保育所に勤め、教材として昔話を語ってきた。奥会津の方言を大切にし、昔語りを頼まれればうれしくなって出かける。『ふくしま民話集第一巻　奥会津の伝承　五十嵐七恵の語り』のほか、CDがある。

伊藤正子（いとう・まさこ）

大正一五年、宮城県登米郡迫町に生まれた。祖母は五〇〇くらいの昔話を語り、それを受け継ぐ母から物心つく頃から昔話を聞いて育ち、生きる道を学んだ。みんなの前で語るようになって、三〇年以上が過ぎている。『町民のひろば―第六集―』『みやぎ民話の会叢書第9集「母の昔話」を語りつぐ』がある。ニューエルダーシチズン大賞受賞。

大橋進（おおはし・すすむ）

遠野物語研究所研究員・副所長。岩手県釜石市に生まれ、岩手県立高等学校の教員を勤めた。遠野の飢饉について研究し、二〇〇六年の遠野物語ゼミナールで「遠野の飢饉史「宝暦および天明の飢饉」の諸相」をまとめ、二〇〇七年六月の遠野物語ゼミナール（東京会場）では、新田スミとともに遠野の昔話を紹介した。

岩崎京子（いわさき・きょうこ）

児童文学作家。東京に生まれ、昭和二五年から創作を志す。昭和五〇年、家庭文庫「子どもの本の家」を開設、現在に至る。『鯉のいる村』『花咲か』『久留米がすりのうた』『少女たちの明治維新』『子どものいる風景』『原爆の火』『びんぼう神とばけもの芝居』など多くの作品がある。野間児童文芸賞、芸術選奨文部大臣賞など受賞。

新倉朗子（にいくら・あきこ）

フランス民話の研究者。東京家政大学名誉教授。『完訳ペロー童話集』、『フランス民話集』（共に岩波文庫）、共同研究としてシリーズで『世界の鳥の民話』、『世界の花と草木の民話』等（共に三弥井書店）および『三つの質問をあずかる旅』（日本民話の会）等がある。

高橋貞子（たかはし・さだこ）

詩人・民話研究者・語り部。岩手県下閉伊郡岩泉町に生まれた。編著『火っこをたんもうれ』『まわりまわりのめんどすこ』『昔なむし』などを執筆した。近年も『河童を見た人びと』『座敷わらしを見た人びと』の著作で注目されている。近く、『岩泉物語』（仮称）を発刊する予定。岩泉の語り部の第一人者として知られる。

大野眞男（おおの・まきお）

岩手大学教授（教育学部）、遠野物語研究所客員研究員。日本人の国語意識を社会言語学的な観点から考察しており、柳田国男の国語観の歴史的位相に興味を持っている。『シリーズ方言学3方言の機能』、『日本ことばシリーズ』、『方言探求法』、『どうなる日本のことば』、『北奥方言基礎語彙の総合的研究』等を共著・共編で執筆。

多比羅拓（たひら・たく）

八王子高等学校教諭。日本文学を専攻し、石井正己・青木俊明らと『遠野物語辞典』の編集に携わる。「鷺流狂言伝書保教本の注記に関する考察」などの論文がある。『遠野物語』、狂言の台本、落語の速記本など口承と書承に思いを馳せつつ、演劇部では台詞の余白の可能性に日々感歎している。

松尾哲朗（まつお・てつろう）

東京学芸大学修士課程在学中。日本文学・宗教学専攻。現在、紀貫之と彼が描きだした女性の語りの位相差を問題として『土佐日記』を研究している。その一方で、口承や図像伝承の変遷の研究もすすめている。古代の兎伝承の変遷と受容を追った「古事記考—大国主神の超医療性」などの論文がある。

編者略歴

石井正己（いしい・まさみ）

東京学芸大学教授・遠野物語研究所研究主幹・旅の文化研究所運営評議委員。日本文学を専攻し、大学では古典文学を中心に授業を行う。口承文芸や柳田国男・佐々木喜善を考えるために、16年前から遠野に通いつづける。『遠野物語の誕生』『図説遠野物語の世界』『遠野の民話と語り部』『柳田国男と遠野物語』などを著してきた。他に、共編『柳田国男全集』『全訳古語辞典』『全訳学習古語辞典』、監修に『遠野物語辞典』などがある。6月に『図説古事記』（河出書房新社）が発刊される予定。

昔話を語る女性たち

平成20年6月10日　初版発行

定価はカバーに表示してあります。

©編　者　石井正己

発行者　吉田栄治

発行所　株式会社 三弥井書店

〒108-0073 東京都港区三田3-2-39

電話 03-3452-8069

振替 0019-8-21125

ISBN978-4-8382-3166-9 C0037　製版・印刷エーヴィスシステムズ

絵本と昔話

遠野昔話ゼミナール2008

会場　あえりあ遠野　遠野市民センター

1月29日（土）

13:30 ～ 14:30　**基調講演**

昔話絵本の国・日本

東京学芸大学教授
遠野物語研究所研究主幹　石井正己

岩手県遠野市の語り部　正部家ミヤ

14:30 ～ 15:30　**記念講演**

子どもたちへの贈り物

児童文学作家　岩崎京子

15:50 ～ 17:30　**語りの交流会**　第1部

秋田県雄勝郡羽後町の語り　中川文子
岩手県遠野市の語り　菊池栄子
青森県中津軽郡西目屋村の語り　成田キヌヨ
岩手県遠野市の語り　菊池　玉

1月30日（日）

9:00 ～ 10:30　**語りの交流会**　第2部

第1会場　進行　いろり火の会　田代明子
遠野市民センター書院

第2会場　進行　いろり火の会　高柳エス子
遠野市民センター奥和室

第3会場　進行　いろり火の会　海野ノリ子
遠野市民センター集会室

0:45 ～ 11:15　**講演Ⅰ**「もくもく絵本」の試み

合同会社もくもく絵本研究所代表　前川敬子

1:15 ～ 11:45　**講演Ⅱ**　民話のふるさとの手作り紙芝居

グループわらべ代表　佐々木文子

加者　120名（要予約、定員になり次第、締め切ります）
加費　500円　懇親会費　3,000円（当日支払い）
込先　〒028―0523 遠野市中央通り2―11
遠野物語研究所　遠野昔話ゼミナール実行委員会
TEL/FAX　0198（62）0809

事前に、電話もしくはFAXでお申し込みください。
参加費・懇親会費は当日、受付でお支払いください。
宿泊の斡旋はいたしませんので、各自でご手配くださいますようお願いいたします。
周辺地図・宿泊資料が必要な方はご請求ください。

催　遠野昔話ゼミナール実行委員会
（遠野市文化課（遠野市立図書館博物館）・遠野物語研究所・遠野市観光協会）
催　遠野市教育委員会